中國倫理思想研究文叢

三 編

王澤應 主編

第 7 冊

當代中國休閒倫理研究

向建州 著

花木蘭文化出版社

國家圖書館出版品預行編目資料

當代中國休閒倫理研究／向建州 著 -- 初版 -- 新北市：花木蘭
文化出版社，2015〔民 104〕
目 4+134 面；19×26 公分
（中國倫理思想研究文叢 三編；第 7 冊）
ISBN 978-986-404-236-4（精裝）
1. 休閒文化 2. 倫理學
190.9208　　　　　　　　　　　　　　　　104012132

ISBN- 978-986-404-236-4

9 789864 042364

中國倫理思想研究文叢
三 編 第七 冊　　　　　　ISBN：978-986-404-236-4

當代中國休閒倫理研究

作　　者　向建州
主　　編　王澤應
總 編 輯　杜潔祥
副總編輯　楊嘉樂
編　　輯　許郁翎
出　　版　花木蘭文化出版社
負 責 人　高小娟
聯絡地址　新北市中和區中安街七二號十三樓
　　　　　電話：02-2923-1455／傳真：02-2923-1452
網　　址　http://www.huamulan.tw 信箱 hml 810518@gmail.com
印　　刷　普羅文化出版廣告事業
初　　版　2015 年 9 月
全書字數　117102 字
定　　價　三編 12 冊（精裝）新台幣 22,000 元

當代中國休閒倫理研究

向建州　著

作者簡介

向建州，男，1969 年 4 月生，哲學博士。現爲長沙市食品安全管理辦公室副主任。1991 年 6 月畢業於湘潭大學中文系，獲文學學士學位；2013 年 6 月畢業於湖南師範大學倫理研究所，獲哲學博士學位。1991 年 6 月～ 1995 年 12 月在湖南省機械工業廳工作，任辦公室秘書科長；1995 年 12 月～ 1997 年 1 月，由省委派駐婁底市新化縣利民村從事農村基層支幫促，任工作組副組長；1997 年 7 月～ 2000 年 6 月，任長沙市委宣傳部研究室主任；2000 年 7 月～ 2007 年 2 月，任長沙市委宣傳部副調研員、理論處處長；2007 年 3 月～ 2010 年 3 月，任寧鄉縣黃材鎮黨委副書記、龍泉村第一書記；2010 年 7 月起任現職。在《求是》、《黨建研究》、《倫理學研究》、《湘潭大學學報》等刊物發表學術論文 40 餘篇，《試論社會主義榮辱觀的時代價值與實踐機制》獲中國公民道德論壇徵文二等獎。

提　　要

　　從世界範圍看，各國都曾經或正在經歷一場休閒的革命。統計表明，人均 GDP 達到 1000 美元時，就會產生休閒需求。21 世紀，中國正步入一個前所未有的休閒時代。休閒已成爲一種人們的生活方式或生活品質。隨著現代科學技術以及機器勞動對原有人體勞作的取代，人們爲滿足需求而不得不勞動的時間大大減少，社會生產力的發展和財富的增加使得人們參與休閒的機會與潛力大幅增加。休閒在當代人生活中的地位較之以往越來越重要。如何使休閒富有正確的倫理意義，進而使生命更加煥發出應有的精彩和光芒，成爲事關人們生活品質和價值追求的重大理論和現實問題。

　　休閒倫理是休閒倫理學的研究對象和領域，是當代應用倫理學研究的新領域和新問題。休閒內含著人的某種價值取向和倫理標準。作爲內含著人的某種價值取向和道德標準的生命活動，休閒本身是一種情感體驗，是人與休閒環境相融合的一種愜意與愉悅，是人的社會性、生活意義、生命價值存在的享受。休閒倫理的本質與人的本質相聯繫，是人的生命質量和生活方式的表現樣態。所謂休閒倫理就是人們在休閒生活和休閒實踐中應當遵循的基本行爲規範及其由此形成的德性品質等的總和，是一個由休閒倫理意識、休閒倫理關係和休閒倫理實踐所組合起來的休閒倫理體系。休閒倫理在實現人的自我價值方面起著重要的作用，休閒倫理就是爲了實現人的全面發展和個性的自由，從而達到一種生命與自由的統一。

　　本文立足於人類特別是我國休閒時代到來的實際需要和人們休閒生活的內在需求，從休閒倫理與幸福生活的主題切入，以馬克思主義的唯物史觀和辯證法爲主要的理論基礎和研究方法，在深度發掘中西方休閒倫理思想資源的基礎上，深入探討和論述當代休閒倫理

的基本原則即身心健康原則、正當合理原則、高雅文明原則，科學闡釋了休閒倫理與勞作倫理、休閒倫理與幸福生活的關係，以此反觀現實，剖析了我國當代休閒倫理失範的種種原因，提出了若干治理對策，並就如何建設具有中國特色的當代休閒倫理發表看法，主張建構與現代文明相適應，與幸福人生相契合，與宜居家園相一致的休閒倫理，以此推進個體身心健康，積蓄創業能量和追求高雅生活，發展起融先進性與廣泛性於一爐，集民族性與世界性於一體，以逸助勞、以勞養逸、勞逸結合的社會休閒倫理文化，爲建設社會主義精神文明和生態文明，整體提升中國精神，實現中華民族偉大復興服務。

休閒倫理研究有助於人們正確認識休閒與勞作、休閒倫理與勞作倫理的關係，進而正確認識生命質量和生活方式，認識人爲什麼而活以及應該怎樣生活等一系列人生哲學和倫理學問題，有助於推進我國應用倫理學研究，建立和發展當代中國休閒倫理學學科建設。休閒倫理順應人們提高生活品質和追求幸福生活的新要求，強調健康、文明、環保、和諧的休閒理念，有利於改變有史以來人類光重勞動、輕休息，重生產、輕消費的行爲理念，敢於創造和享受生活，建立與生命和文明價值相一致的、現代科學的生活方式，促進社會持續文明進步與人的白由全面和諧發展。

目

次

導　論

一、選題背景

　　生活於任何社會的人們都有一個閒暇時間用來調節生活和休養生息，區別只是在於與勞作的不同比值而已。根據 1999 年在美國時代雜誌的一篇文章，在史前 6000 年到 10000 年時，人們的閒暇時間只有 10%，因爲當時的人們把時間分爲三類：一是維繫人類生存以及交往的勞動時間，也就是必要勞動時間。二是人們必需的休息、吃飯、睡覺等時間。三是休閒時間。生產力不發達，人們爲了生存的勞動時間較長，因此，休閒時間僅爲 10%。進入農業社會，人們的閒暇時間較之遠古時代明顯增加，發展到 17%。〔註1〕進入工業文明時代之後，隨著科學技術的飛速發展，社會生產力水平也獲得了極大的提高，經濟、政治以及文化等各方面取得了顯著進步。傳統的手工作坊式的生產方式逐漸退出歷史舞臺，取而代之的是機器化大生產，這不但使生產效率大大提高，生產規模也擴大許多倍。正是由於社會生產力的提升，社會物質生產活動節省了大量的時間，所以人們的空閒時間比之農業文明時期大大增多。根據西方學者的統計，工業文明時代人們的閒暇時間提升到了 39%。二十世紀八十年代以後，社會進入了後工業化和知識經濟時期，市民群眾的閒暇時間比工業化時期大幅提高。現在有一些發達國家的居民們的閒暇時間占到了整個生活的一半以上。〔註2〕

　　從世界範圍看，各國都曾經或正在經歷一場休閒的革命。有統計數字表明，人均 GDP 達到 1000 美元時，人們就會產生不斷發展的休閒需求。21 世紀，中

〔註 1〕 成思危：《正確認識休閒的重要性》，中國小康網 2007 年 12 月 10 日。
〔註 2〕 成思危：《正確認識休閒的重要性》，中國小康網 2007 年 12 月 10 日。

國正步入一個前所未有的休閒時代。休閒已成為一種人們的生活方式或生活品質。隨著現代科學技術以及機器勞動對原有人體勞作的取代，人們為滿足需求而不得不勞動的時間大大減少，社會生產力的發展和財富的增加使得人們參與休閒的機會與潛力大幅增加。休閒在當代人生活中的地位較之以往越來越重要。如何使休閒富有正確的倫理意義，進而使生命更加煥發出應有的精彩和光芒，成為事關人們生活品質和價值追求的重大理論和現實問題。

當代中國社會生活節奏不斷加快，經濟發展進入轉型期，相當多的人群承受較大的工作生活壓力，亞健康成為社會問題。據統計我國亞健康約有 7 億人群左右，慢性病患者達 2.6 億，其中高血壓約 2 億人，糖尿病人約 2300 萬，國家用於治療慢性病費用相當於 GDP 的 8％。〔註3〕這個數字和現象為我們提供了一個強大的衝擊，也使我們認識到，在經濟快速發展的時期，正確處理工作與休閒的關係，保證人民的身心健康和幸福已經成為社會發展的重大理論和實踐問題。我國政府高度重視國民生活質量和國民生活方式，為滿足人們的休閒需求，批准並發佈了《國民旅遊休閒綱要》，首次從國家級高度對國民的旅遊休閒和健康生活進行指導和規劃。「綱要」的頒佈，是中國政府實施「以人為本」的科學發展觀的重要舉措，它意味著社會關心和關注的焦點已從過去的「國計」轉變為更多地關注「民生」，從過去的勞動光榮、工作第一轉變為會工作也會休息、工作與休閒並重。這是尊重人權的基本表現，也充分踐行了以人為本、為民服務的科學發展觀思想。對於廣大人民群眾而言，休閒本身是使生活向更愉快、更幸福的方向發展。

休閒倫理是當代應用倫理學最應該關注而又關注得最為不夠的一個領域和部門。隨著我國貫徹《國民旅遊休閒綱要》的進一步發展，人們對休閒倫理的關注亦會增加。休閒倫理事關國民健康和幸福人生，也關係個體生命質量和社會和諧。

二、選題意義

（一）理論意義

休閒倫理研究具有推進我國應用倫理學研究，建立和發展休閒倫理學學科的理論意義。休閒倫理是休閒倫理學的研究對象和領域，是當代應用倫理

〔註 3〕 參閱班若川：《發展旅遊休閒業關乎民生福祉》，《中國旅遊報》2013 年 3 月 18 日。

學研究的新領域和新問題。很長一段時間，有相當一部分的人認爲休閒是好逸惡勞、懶惰無爲，習慣與把休閒與發展、勞動和進步對立起來。事實上，健康休閒是生活的重要組成部分，休閒可以促進健康，增長人生知識，促進勞動生產，引發創造發明。人人都要學會休閒，才能積極努力工作，文武之道，一張一弛，會休閒才會工作，會休息才會成功。社會發展的歷史表明，人類的許多發明創造與休閒密切相關。羅素說，能否聰明地休閒是對文明的最終考驗。亞里士多德曾舉例說：「數學所以先興於埃及，就因爲那裏的僧侶階級特許有閒暇。」

　　休閒倫理的研究有助於破除人們以爲休閒即是無所事事、偷懶貪玩的錯誤觀念，有助於人們正確認識休閒與勞作、休閒倫理與勞作倫理的關係，進而正確認識生命質量和生活方式，認識人爲什麼而活以及應該怎樣生活等一系列人生哲學和倫理學問題。休閒的生命哲學意義，其本質涵義還在於要讓生活在世俗社會的人們，懂得如何在有限的個體生命當中去獲得生命的無限價值與意義的超驗證明，並由此建構生命的終極關懷，讓生命獲得眞正意義上的充實和豐盈。正是在生命哲學的意義上，休閒屬於生命的表現形式之一，它不等同於傳統意義上的消遣，也不是以遊戲的態度對待人生，恰恰相反，它反映出一種積極的人生態度，一種帶有體驗性、精神性的人生。休閒是爲了提升人們的生活品質，是爲了提高人們在精神世界的形上追求，是爲了實現精神上的享受，使人們的世俗生活充滿樂趣，進而提高生命的智慧，發揮生命創造力。〔註4〕從人的生命價值角度來看，我們如果將勞動看做生命的表現形式，人們通過勞動來提高對客觀世界的認識，從而更好地改造世界，提高人在社會中的生存能力，以獲得充足的生活保障的話，那麼休閒就是另一種生命的表現形式，它與勞動對應而存在，是一種享受勞作成果並使生命煥發出新的光彩和意義的活動，是人的幸福生活重心所在。勞作的意義在於充分調動身體機能去創造財富爲生命提供生活保障，休閒的意義在於享受勞作的成果同時使機體得到休養生息，進而感受生命的價值、自我價值的實現，提高在精神世界的享受。勞動與休閒同屬於生命的兩種不同表現形式，二者具有密不可分的關係，互相促進，互相影響，共同構成生命的整體觀，都具有內在的價值和意義。

〔註4〕黃健：《構建和諧的休閒生活方式》，《杭州日報》2005年11月14日。

（二）實踐意義

休閒倫理的研究具有極其重要的實踐意義或價值。它是人民群眾追求幸福生活、實現全面發展的價值凝結和和精神積澱。休閒倫理所強調的健康、文明、環保、和諧的休閒理念，所推崇的勞逸結合的生命質量意識，以及倡導的健康為本、幸福生活等原則規範，無疑有利於改變長期以來人們重勞作、輕休閒，重生產、輕生活、重創造、輕享受的理念和行為範式，有利於建立起符合生命價值和文明科學的生活方式，有利於促進人自由、全面、和諧的發展和社會的持久文明與進步。通過創造條件以促進休閒活動健康發展，讓更多的人參與休閒，並通過投身休閒活動追求心理寧靜與身心和諧，在休閒過程中實現心理和精神的崇高與愉悅，提高個人和家庭的幸福指數，促進人與社會的全面、協調、可持續發展。

三、國內外研究現狀

（一）國內關於休閒倫理的研究概述

林語堂先生在研究中西方休閒思想方面是最為突出的。然而，他的思想在很長一段時間內沒得到重視和傳播。隨著改革開放的深入，特別是近年來，人們的生活水平有了巨大改變，於是休閒研究在我國逐步興起。我國的一些學者在翻譯國外文獻著作和對我國傳統體閒思想、體閒生活的研究中，一方面在西方休閒學者的研究成果的基礎上吸取精華，另一方面在深入實際的休閒生活中提出自己的看法獲得了不少的研究成果。

我國著名的休閒理論家於光遠老先生在 1995 年時就開始意識到休閒問題的現實性和重要性，在他的倡導下，組織一批學術精幹潛心研究有關休閒的問題，並取得了不少有關休閒研究的成果。我們知道於老有六句話最為出名，即「玩屬於人類的基本需要，要玩得有文化，要有玩的文化，要研究玩的學術，要掌握玩的技術，要發展玩的藝術」。在他眼裏，玩是人生的根本需要之一，玩是人的一種本能所在；它是人處於放鬆和自由的一種精神狀態。〔註5〕可見，於光遠老先生的這個思想是很有遠見的，同時也是有很深的理論溯源。

第一、關於休閒的定義、功能和本質的論述。

我國著名休閒學家、中國藝術研究院休閒研究中心主任馬惠娣女士認

〔註 5〕 馬惠娣，休閒：人類美麗的精神家園〔M〕，北京：中國經濟出版社，2004：31。

為，休閒是利用從事社會勞動以外的時間進行自由活動，它以減少勞動時間
為基本條件。減少勞動時間有利於增加個人勞動產量，提高勞動效率，節省
更多的時間從事休閒活動，從而對勞動效率產生促進作用。所以，從某種程
度上說，休閒標誌著一個國家的生產力水平，評價社會文明程度的標準，同
時，它是人類物質文明和精神文明的集合體。〔註6〕休閒不過是人的一種生命
狀態和精神狀態，是人的一生中持久的、重要的生活樣式和活動方式，是人
的內在生命所深刻需求和呼喚的，也表達著勞作之後機能調節的內在性。劉
耳的觀點是，休閒不但是人的自然活動，同時也是人在有意識狀態下的文化
活動，是二者相互作用的結果。從人的本能角度來看，人的生存能力正是從
玩耍中鍛鍊出來的，這一點與於光遠先生的觀點不謀而合，也印證了他「人
之初，性本玩」的說法，人的諸多生存本領都是在怡然自得的玩樂中學到的，
而後才慢慢演變成為有意識的、帶有自覺性的文化活動。隨著語言以及文字
的不斷發展，文字及其他帶有一定意義的符號佔據休閒活動中的大部分內
容。〔註7〕

　　東北財經大學休閒研究中心副所長李仲廣和盧昌崇教授堅持認為：「休
閒是以自身為目的的自由活動，休閒是人們在自由時間裏所自發選擇的……
休閒是一種人類行為，它發生在個人的自由時間裏，並在個人內心本能喜歡
的心態驅動下平和而寧靜地進行著；休閒行為會導致某些相應制度的建立。」
〔註8〕休閒作為一種以自身為目的的人類自由行為，發生在自由時間裏，並
具有使個人內心本能喜歡和心態愉悅等特點。華東師範大學的樓嘉軍教授在
其著作中研究出：「所謂休閒是個人體閒時間和自由活動的集合，它是人們
對勞作之餘時間的自由使用和合理安排；儘管休閒時間以及休閒活動與人們
的勞動之間不存在聯繫，可是它與勞動之間不存在對立關係；人們依靠休閒
活動不斷自我完善，獲得更大發展。〔註9〕孫林葉在自己的研究中指出：「休
閒不僅是人與自然、人與人、人與自身的一種和諧狀態，而且需要在和諧的
人與自然、人與人、人與自身的關係中進行，更是達到人與自然、人與人、
人與自身的和諧的過程。「休閒」是建設和諧社會的題中應有之義，是人類

〔註6〕馬慧娣，休閒：人類美麗的精神家園〔M〕，北京：中國經濟出版社，2004：101。
〔註7〕章海榮，方起東，休閒學概論〔M〕，昆明：雲南大學出版社，2005：62。
〔註8〕李仲廣，盧昌崇，基礎休閒學〔M〕，北京：社會科學文獻出版社，2004：98。
〔註9〕樓嘉軍，休閒新論〔M〕，上海：立信會計出版社，2005：46。

美麗的精神家園。休閒只有在人與自然、人與人、人與自身的和諧中進行，人才能從自然、社會和人自身中獲得最大的自由，並從這種自由中獲得最大幸福。」〔註10〕來自福州大學的許斗斗教授認為，休閒是現代社會下人類普遍進行的一種社會活動，事實上，它更是人們社會生活的表現形式。既然休閒活動屬於人類生活的一部分，所以它理應被劃入社會交往的範疇，休閒活動同時也是人們的精神體驗，精神世界的享受。人一旦從事休閒活動，人就會產生與周圍環境條件相融合的感覺。休閒是人存在價值的體現，是人的生活方式……只有處於人的動態存在條件下，也就是「成為」和「去生存」下，休閒才能具有真正的含義，才能意味著人獲得美好的體驗和享受。〔註11〕

綜合以上學者關於休閒的研究成果，我們可以看出，絕大多數的觀點中包含了休閒和自由、幸福的相關性。而我們又知道這三者都和人性淵源有莫大的關係。這也就是我們研究休閒時要涉及人性、自由和幸福的意義所在。

第二、關於休閒倫理的一般性論述。

由於休閒倫理學是一個新的學科，至今國內學者還很少人去專門研究該領域，因而這方面的研究學術成果較少，甚至連一本專門介紹休閒倫理類的書籍都沒有。可見，休閒倫理的專門學術成果極為缺乏。然而，有些學術著作在部分章節中涉及休閒倫理方面的內容還是有的，其中主要的學術研究成果有：曾釗新等編著的《倫理社會學》（2002）在一些章節中專門對休閒道德進行了論述。如作者在該書的第十五章涉及到休閒倫理方面的內容中認為，要控制好休閒生活的負功能，同時強調休閒生活的正功能，就必須將休閒生活的本質納入休閒倫理道德場內並對其進行動態有序的倫理道德引導。這樣就可以讓休閒者在享受美好的休閒生活過程中做到既能擁有富足的物質性追求，又能健全人性的精神訴求。魏英敏和王澤應等主編的《新倫理學教程》（2003）其中分析了閒暇倫理道德在倫理學科學體系中所佔的地位，認為閒暇倫理道德會產生休閒倫理學等新學科，成為倫理學發展變化的一個未來趨勢。於光遠在他的著作《論普遍有閒的社會》（2004）中指出，對一個有思想情操的人來說，利用休閒時間就是一種健康和愉悅的享受。可以這麼說，一個人若有了正確的休閒倫理觀，同樣可以獲得快樂和愉悅的生活。馬惠娣在休閒著作《休閒：人類美麗的精神家園》（2004）強調休閒的價值不是具有實

〔註10〕孫林葉，閒理論與實踐〔M〕，北京：知識產權出版社，2009：21。
〔註11〕許斗斗，休閒之消費與人的價值存在〔J〕，自然辯證法研究，2001（5）：51。

－6－

用性，而是具有文化性。休閒使人在自由的精神狀態裏過著一種道德的和超越的生活方式，給人一種文化的底蘊，從而成爲人的精神支撐。馬惠娣在她的另一本著作《走向人文關懷的休閒經濟》（2004）裏提出要發展充滿人文關懷的休閒經濟，就必須要充分吸收中國優秀的傳統休閒文化，樹立新時代的休閒倫理觀，對我們當今這個浮躁的社會來說，這無疑是一種福音。而在她和張景安主編的《中國公眾休閒狀況的調查》（2004）一書中，強調休閒時光應該成爲人民大眾文化精神生活的樂園，那麼我們就應該繼承和弘揚中國的優秀傳統休閒倫理，創造休閒境界，即「天人合一「的休閒倫理思想。陳魯直在《民閒論》（2004）一書中，以深厚的休閒理論素養，闡述了「勞」與「閒」的關係，並認爲「閒」對人的多方面發展和當代社會具有重要的現實意義。通過「閒」可以培養人的休閒倫理觀和完善人格，促進人與人、自然和社會的和諧。樓嘉軍在他的《休閒新論》（2005）中主要是從休閒產業的角度來談。不過其中在談到分析休閒衝突的原因時，講到市場倫理道德價值的失落使許多休閒消費者在休閒活動中的正當利益受到損害，破壞了正常的休閒活動。從這句話中，我們可以得出，在中國，要發展休閒娛樂，就必須使一些參與休閒活動的經營企業樹立一種正確的休閒倫理道德；同時作爲我們個人，也要有休閒倫理道德，以利於維護我們正當的休閒權利。李仲廣、盧昌崇在合著的《基礎休閒學》（2004）一書中，提到在休閒和工作的範式轉換的過程中，要求人們從工作倫理轉換到休閒倫理，樹立一種新的價值倫理觀。這種新的休閒倫理就是，工作本身已毫無意義，只是人們尋求最終結果的一個過程而已。人們可以在休閒活動中實現個人的理想和最大程度地發揮個人的潛能。這意味著未來的社會工作時間越來越少，人們的休閒時間會越來越多，人們可以盡情的享受休閒帶來的快樂和幸福。馬勇、周青編著的《休閒學概論》（2008）在講述「休閒逐漸成爲人的基本生活權利」時，強調如今許多人已把個人的休閒權利置於較高的地位，努力工作其實就是爲了休閒，使人擺脫工作雜事帶來的困擾和壓力，使人得以回歸自我，暫別異化狀態，恢復人性，像這些個人的生活權利和回歸自然等現代的休閒倫理正在逐步深入人心。劉嘉龍和鄭勝華編著的《休閒概論》（2008）中的一節——休閒發展史社會進步的標誌闡述了休閒和休閒消費這一活動背後人的存在狀態，可以促進我們重新處理人與大自然的關係、思考人的休閒道德倫理、體驗人的生命本質和意義，幫助人們建立新的休閒倫理觀。程遂營在他的休閒研究著作《北美休閒

研究——學術思想的視角》（2009）談到中美休閒差異時，認為中國人的休閒倫理思想核心在於集體主義，即以集體休閒為主，大多數人的休閒活動在家庭、單位完成，與工作交叉，對公共休閒資源的利用和要求較少。

整體上看，我國目前還沒形成休閒倫理學這門專業學科，也沒有出版專門的系統的休閒倫理著作。不過，我國學者已經開始了對休閒倫理的研究，在一些關於休閒學和休閒旅遊學的研究中有涉及休閒倫理的論述。比如，龔斌《中國人的休閒》（1998），孫承志《休閒哲學觀思辨》（1999），胡大平的《崇高的曖昧——作為現代生活方式的休閒》（2002），陳喜樂、盛華根《休閒與 21 世紀人的素質提高》（2002）和丘尤的《都市女性精神休閒》（2003）等著述均有一些關於休閒道德和休閒價值的觀點，啟迪著我們就此出發作深度的學術研究。

在國內，目前出現了較多研究休閒的論文。其中，與休閒倫理方面有關的論文主要有：直接以休閒倫理為主題研究的論文有：劉慧梅發表的論文《西方休閒倫理的歷史演變》（載《自然辯證法研究》2006 年第 04 期），龐桂美的《和諧社會視域下的休閒倫理及其道德價值》（載青島科技大學學報（社會科學版）2008 年第 1 期），劉慧梅，黃健的《儒家德性倫理與中國休閒倫理建設》（載《浙江大學學報（人文社會科學版）》2008 年第 4 期），蘇令銀發表的《當代西方休閒倫理研究：歷史、焦點與問題》（載光明日報/2009 年/8月/4 日/第 011 版）；王永明的《休閒倫理研究的當代進展》（載《探索》2009年 05 期），湖南師大袁其微的碩士論文《休閒的倫理思考》（載《理論界》2009年 12 期），吳文新的《休閒倫理學的可能性、對象和原則》（載《內蒙古師範大學學報（哲學社會科學版）》2010 年 02 期）和《中國特色社會主義休閒價值觀芻議——兼議閒暇道德和休閒倫理》（載《中共寧波市委黨校學報》2007年 06 期）。從休閒經濟與消費方面來思考休閒倫理的論文有：陳淑的《休閒生活的倫理思考》（載《理論界》2009 年 12 期），成素梅的《超越經濟層面的另一種思考——從休閒哲學與休閒倫理的視角看金融危機》（載《毛澤東鄧小平理論研究》2009 年 07 期），許斗斗《休閒、消費與人價值存在》（載《自然辯證法研究》2001 年第 05 期）；闡述休閒文化時涉及到休閒倫理的論文有：馬惠娣的《建造人類美麗的精神家園—休閒文化的理論思考》（載《未來與發展 1996 年 03 期）、《文化精神之域的休閒理論初探》（載《齊魯學刊》1998年 03 期）和《休閒——文化哲學層面的透視》（載《自然辯證法研究》2000

年 01 期）、《人類文化思想史中的休閒》（載《自然辯證法研究》2003 年第 01
期），徐錦中的《休閒文化的道德意蘊》（載《道德與文明》2003 年 05 期），
中南大學施樹英的碩士學位論文《馬克思主義休閒觀與我國休閒文化建設》
（中南大學，2003）；在研究休閒教育時探討休閒倫理的論文有：劉海春的《休
閒教育的倫理限度》（載《學術研究》2006 年 05 期），劉詩貴、王金龍的《休
閒倫理與休閒體育》（載《大連海事大學學報（社會科學版）》2007 年 06 期），
劉懿的《休閒倫理視野中的圖書館休閒教育》（載《情報理論與實踐》2008
年 04 期），歐平的《和諧社會視域中的體育休閒倫理》（載《湖南社會科學》
2009 年 03 期）。

　　總體上看，國內關於休閒的一般研究較多，而關於休閒倫理的研究較少，
且基本上處於對國外成果的移植性介紹，原創性的研究甚少。不管怎樣，這
些為我們的研究提供了必要的準備，其有益的研究成果助推我們深入研究，
其不足或缺失引發我們開疆拓土，大膽創新。目前，無論是休閒生活的發展
還是倫理學學科建設都要求我們積極開展休閒倫理的研究，因為這不僅關係
到休閒生活的內在需要，也關係到當代應用倫理學學科健康發展。

（二）國外關於休閒倫理的研究概述

　　很早以前就有西方學者開始在休閒領域裏進行研究，發表和出版了休閒
類的專業性學術著作和文章，而且還建立相對完善的休閒學理論與學科體
系，並取得了很多研究性成果。他們的休閒研究成果涵蓋包括經濟學、政治
學、哲學以及心理學在內的眾多學科領域。

　　西方休閒學者對休閒倫理的研究無論是從研究的歷史、隊伍以及研究的
相關成果，還是從研究的深度和廣度來說，都比我國對休閒倫理的研究更為
成熟。「在西方現代社會生活中，休閒的作用越來越突出，西方很多研究這開
始將研究的目光集中在研究休閒問題、倫理問題，於是出現了研究休閒倫理
的多維視野」。〔註 12〕其中一些著作中涉及休閒倫理的主要成果：

1. 關於休閒的定義、本質和功能的研究

　　20 世紀以來，西方各國經濟社會發展加快，人們的生活質量提高加快。
同時，人們的休閒時間也越來越多，休閒活動內容越來越豐富。西方研究休
閒的專家也越來越多。西方各國出現了很多以休閒為主題的文獻資料，很多

〔註 12〕王永明，休閒倫理研究的當代進展〔J〕，探索，2009，（05）：168。

研究者從不同的角度入手，探討了休閒的定義和內涵。舉例來說，法國休閒學者杜馬哲迪爾，瑞典哲學家皮普爾，美國的未來學家奈斯比特和約翰.凱利等許多學者和專家已經深入地探討了休閒這個問題。

儘管，休閒這一觀念在西方目前還沒有一個權威的的統一界定，但不同研究領域的學者從各自的學科角度對休閒進行不同的定義。現在西方休閒學術界一般從時間、活動、態度、制度等四個緯度進行定位研究，國外學者們對休閒的理解大致體現爲以下四個方面。

第一、從時間的緯度來看待休閒。

從時間的維度出發，對休閒展開研究，能夠得出休閒的最基本定義。通常情況下，我們把休閒活動與勞動之餘的自由時間聯繫起來，而工作時間是指爲了獲得利益或者是爲了生活所必須花費的時間。然而，這樣是一種非常寬泛的定義方法，因爲勞動和其他義務活動之餘所擁有的自由時間只是該定義中的部分用於休閒時間，而可能會被其他許多活動所佔有。一些著名的西方社會學家傾向於將休閒時間視爲去除工作和處理生活雜務必需時間之後剩餘的時間，認爲人們的生活時間大致可分爲三部分，即生活必需時間、工作必要時間以及自由時間。休閒時間一般指的是自由時間，也就是扣除生活必需時間和工作必要時間之後剩下的那部分時間。〔註13〕

把休閒定義爲自由時間，持這一觀點的主要有卡普蘭（Kaplan）、布萊特比爾（Chales K.Brightbill）、墨菲（Murphy）等。

卡普蘭（Kaplan）在研究休閒的過程中發現若將休閒定義爲「自由時間」、就有富有者持久而自願的閒暇、失業者面臨時而無奈的空閒、雇員們定期而自願的休假和傷殘者長期的修養、以及老年人自願的退休等四種不同形態的自由時間存在這個社會中。從這四種不同形態的自由時間中，我們發現，對於這幾種擁有自由時間的不同人來說，它們之間卻有著根本上的區別。布萊特比爾（Chales K.Brightbill）認爲，休閒最好用時間來定義時間。休閒是不包括生理必需時間（existence time）以及勞動時間在內的，能夠自行掌控的自由支配時間。〔註14〕這說明對於社會中的大多數人來說，可以在這段時間裏按照人們自己的願望去做想要做的事，也就是有更多的自主選擇的、自由支配

〔註13〕（韓）金光得：《現代休閒論》，白山出版社，1995。

〔註14〕Chales K.Brightbill: The Challenge of Leisure, New Jersey：Prentice-Hall, 1963, p.4.

的時間，或者是受外來限制最弱的時間，即我們可以用來休閒的時間。墨菲
（Murphy）在研究休閒的過程中發現，休閒就是個人在自己決定的情況下可
以隨意利用的閒暇時間。

　　雖然休閒的時間定義看上去容易量化，但最近總是被頻繁使用。但是，
這種定義方法總是缺乏明確的界限，相互重疊總是在所難免。所以，從這個
角度對休閒的概念下定義要比實際上複雜得多。

　　第二、基於活動的緯度來看待休閒。

　　根據休閒活動來研究休閒的話，休閒是人們自由時間內所開展的行為活
動或者習慣體驗。這要比從時間緯度考察要寬泛些，使得休閒活動包括很多
類型。依據休閒活動的內容來考察休閒的觀點主要有以下幾種。

　　法國休閒學者杜馬哲迪爾在分析和比較許多研究休閒的學者的基礎上，
研究寫出自己的著作——《走向休閒的社會》。他在書中發表觀點，休閒是人
類脫離勞動崗位、脫離社會義務，排除生理需要的時間之餘所進行的活動，
休閒的目的是為了愉悅身心、培養人的智慧、提高積極參與社會活動的熱情，
增強他們的創造力。他還提出了著名的休閒三要素理論，即一是放鬆，二是
娛樂，三是個人發展。在杜馬哲迪爾的休閒概念中，個人發展要素是最重要
的。

　　英國著名劇作家蕭伯納曾經撰寫了《社會主義和文化》這篇文章，他鮮
明地指出休閒與勞動的區別，說：「休閒是人享有支配權的活動，勞動是被支
配下的一種活動。休閒是人從事自己感興趣的事情，而勞動是從事自己必須
承擔的那部分義務，也就是從事違背自然本性的事情，人不可能面臨其他選
擇，要麼是勞動，要麼是無法生存。」〔註15〕

　　傑弗瑞·戈比在借鑒其他多位學者的觀點基礎上指出：「休閒是一種相對
自由的活動，它脫離文化環境和物質環境而存在，它能夠使社會個體通過自
己感興趣的、認為有一定價值的方式，在內心愛的推動作用下產生行動，同
時為信仰建立堅實的基礎。」〔註16〕

　　他認為休閒是在人的活動過程中所獲得的意義和愉悅是因人而異的，與

〔註15〕〔美〕莫迪模，艾德勒，查爾斯，范多倫，西方思想寶庫〔M〕，長春：吉林
　　　　人民出版社，1988：799。
〔註16〕〔美〕傑弗瑞，戈比，你生命中的休閒〔M〕，昆明：雲南人民出版社，2000：
　　　　18。參閱朱月雙：《中國休閒文化的哲學基礎及影響》，浙江大學碩士學位論
　　　　文，2010年。

個人特定的生活方式、生命階段乃至個人的品味等因素密切相關的。不過，他的這一定義已被我國許多研究休閒的學者所引用。

第三、基於態度的緯度來看待休閒。

對休閒的這種定義方式是將休閒活動看作一種心態或者生存方式，該方法受到休閒者動機的指引。如果將休閒定義為一種心態，那就得以「一種駕馭自我存在的內在力量或心靈上的自由」來理解休閒。許多心理學家認為這種休閒感是不會受外界環境所控制的，他是相信自由的。著名的心理學家紐林格認為：「心靈的自由感覺是判斷休閒感的依據。如果某種行為能夠帶給人自由的、暢快的、輕鬆的感覺，那這種行為就屬於休閒。休閒意味著自由狀態下的主體能夠根據自己的內心需要自由選擇某項活動。」〔註17〕

如果是將休閒定義為一種生存方式，那麼亦如亞里士多德所說，休閒則是一種不需要考慮生活問題的心無羈絆的狀態，是一種「冥想的狀態」或深思的狀態。亞里士多德的觀點是，休閒和思考之間存在密切聯繫，休閒有利於人的精神、修養、個性的發展，自由時間不是是決定休閒的最重要因素，自由時間的意象或態度才是。〔註18〕事實上，休閒是人類生存表現形式之一，古希臘的哲學家認為人在思考中就會忽略時間的流失，能夠感受生活的美好，休閒與思考的狀態存在密切聯繫。這也跟我國許多古代的哲學家所追求的沉思、淡泊、寧靜、從容、忘卻時光流逝等人生最高境界的主張是不謀而合的。每一個人都特別希望自己在閒暇時間收穫一份自由的體驗，真正放鬆自己的心靈，享受輕鬆，從而使內心以快樂的姿態參與到活動中。來自瑞典的哲學家皮普爾說：「休閒是人的一種思想態度，同時也是一種精神態度，它不是在外部諸多因素作用下的必然產物，也不是人們在空閒時間、無所事事的結果，它是人們對世界產生的祥和、沈穩的生活態度，它是人在平靜的狀態下，對生命的感受和幸福體驗。」〔註19〕

所以，這一角度下的休閒絕對不同於時間和活動。休閒對於人們來說，

〔註17〕〔美〕傑弗瑞，戈比，你生命中的休閒〔M〕，昆明：雲南人民出版社，2000：6。

〔註18〕參閱朱月雙：《中國休閒文化的哲學基礎及影響》，浙江大學碩士學位論文，2010年。

〔註19〕〔美〕傑弗瑞，戈比，你生命中的休閒〔M〕，昆明：雲南人民出版社，2000：70。 參閱朱月雙：《中國休閒文化的哲學基礎及影響》，浙江大學碩士學位論文，2010年。

是一件內在的固有的事情，也涉及到他們的態度、內在思想和精神狀態，而很少與時間段或者社會化的活動等外在屬性聯繫起來。

第四、基於制度的緯度來看待休閒。

基於制度的緯度來考察休閒試圖在行為與價值觀的範式上揭示休閒的本質與宗教、婚姻、工作、教育、政治、經濟等領域之間的關係。

根據這種理解，主要有以下幾個代表的觀點：

凡勃倫根據美國通過第二次工業革命生產力得到極大發展，然而也出現許多分配不均的社會現象，詳細分析了當時的社會體系和結構，從事體力勞動的被壓迫階級是辛苦而低效的，而從事精神勞動的統治階級卻創造了更有效、更有意義的人生價值。由此產生的不同的生活方式就被充分反映在休閒行為中。

馬爾庫斯認為，社會的自動化和科學技術發展會改變人們的勞動時間和自由時間的關係，即勞動時間與自由時間的關係是反向的。未來社會將處於勞動時間極大縮短，自由時間極為充裕的生活方式之中，人類將進入休閒社會的社會形態中。

著名的心理學家菲利普以及大衛認為，「勞動時間是評價人是否快樂的標誌。人在爭取自由之前，首先要盡量縮短勞動時間。」〔註20〕如今的社會條件下，休閒與勞動之間不存在直接的衝突，而是一對站在對立角度上的統一體，二者相互作用，相互促進。

到現在為止，西方休閒理論界對休閒倫理思想的研究已經呈現出深入的態勢。從已經出版的著作來看，研究的成果主要有：托馬斯・古德爾和傑弗瑞・戈比的《人類思想史中的休閒》，瑞典神學家皮普爾的《休閒：文化的基礎》等。《人類思想史中的休閒》這本書由傑弗瑞・戈比與托馬斯・古德爾共同撰寫而成，該書詳細分析了自古雅典時期休閒出現，一直到現在，休閒的整個發展過程，並闡述了休閒思想在其他領域中的發展以及產生的影響。書中還論述了對休閒產生影響的諸多因素，休閒被異化之後出現的結果，表達出休閒既是人們的理想行為，同時也是人們的生活方式，人生的生命價值只有在休閒中才能得到完美展現。他們還在該著作中認真分析了休閒在人類思想發展史中的現實的價值意義，站在思想理論的高度得出了人類生存的真正

〔註20〕Roediger, David and Fonger Philip: Our Own Time: A History of American Labor and Working, Green Wood Press, 1989, p.97.

需求目標和促進人類進步的價值標準，從而揭示了休閒倫理存在的價值意義。皮普爾在《休閒：文化的基礎》這部著作中，通過精鍊的語言對休閒在文化中的價值進行了一一闡述，書中認為，「休閒不僅是人的思想的反映，同時是人精神態度的體現，它不是由諸多外部因素作用的產物，也不是人無所事事的結果，更不是在空餘時間的決定下產生的」。〔註21〕

2. 關於休閒倫理原則研究

當前，西方休閒研究界比較關注休閒倫理原則，其研究主要有幾個方面：其一，從幸福的視角來看，主要體現在古希臘時期的亞里士多德的《尼各馬可倫理學》和《政治學》，布萊特比爾的《休閒的挑戰》和《人與休閒》等著作中。古希臘哲學家亞里士多德在他的《尼各馬可倫理學》一書的某些章節裏面敘述了個人的美德與愉快和幸福的聯繫。他在書中強調美德是讓人愉快的，因為美德是高尚和善的。美德本身就是愉快的真正源泉。因此，幸福就會源源不斷。而在《政治學》的著作中，他認為，政治學其實是關於集體幸福的一門科學。人們滿足欲望從根本上講就是為了自己的幸福和快樂，追求一些功名利祿也就是為了得到幸福而已。布萊特比爾在這兩本書中將休閒與時間等同起來，把娛樂生活看成是對社會的一種挑戰，是人類幸福的來源。其二，從公平的視角來考察，其研究成果主要有卡拉·A·亨德森、蘇珊·蕭等合著的《女性休閒：女性主義的透視》。她們從女性休閒的視角在該書中主要著重闡述了女性休閒的公平這一休閒倫理問題，並提出了社會應該增不能強女性在社會中的作用和地位，調整社會結構，保證女性享有生活自由和人身自由等權利，從而可以讓每一位女性在休閒中能有自主選擇權。其三，以休閒教育的視角來分析，如美國閒暇教育專家，時任伊利諾大學教授的查理斯·布賴特比爾與1966年出版的《休閒的挑戰》和《以閒暇為中心的教育》以及布萊特比爾撰寫的《休閒教育的當代價值》、傑弗瑞·戈比著的《你生命中的休閒》、托馬斯·古德爾的《人類思想史上的休閒》、埃德加·傑克遜編寫的《休閒與生活質量》、克里斯·布爾等人合著的《休閒研究引論》等。布萊特比爾認為，現代社會的中心應該是休閒，可是，人們只重視工作的倫理，卻將休閒倫理擱置一旁，在他的兩本書中深入地研究休閒對人的生活方面面面產生的重要影響，如在人類價值方面、心靈塑造方面以及知識建構方面。

〔註21〕　〔美〕傑弗瑞，戈比等，人類思想中的休閒〔M〕，昆明：雲南人民出版社，2000：70。

布萊特比爾在《休閒教育的當代價值》中指出，我們當前的任務就是進行休閒掃盲，要使人們在休閒中感到滿足並生活得有意義。傑弗瑞・戈比在《你生命中的休閒》中講到，休閒倫理對教育的重要性，並提出了幾種在休閒中的教育方法，以及人們的受教育程度同他所採用的休閒方式之間存在密切聯繫。由托馬斯・古德爾和傑弗瑞・戈比聯合撰寫的《人類思想史上的休閒》一書裏分析了在當今美國，職業教育存在較多的缺陷，認為教育的中心是休閒的非職業培訓，休閒教育可以使人獲得自由，可以將人們從無知和非理性的激情與恐懼的束縛中解放出來。埃德加・傑克遜在編寫的《休閒與生活質量》書中從休閒教育的理論視角和觀念出發，對提倡休閒倫理的價值理念進行整合，從而達到改善個人和社區的生活質量。克里斯・布爾等人在《休閒研究引論》中認為，由於人們休閒倫理價值觀的成熟，誰也無法掌握全面的休閒知識和技術去支配所有的休閒行為。然而，最有效的休閒教育可以讓人積極主動地參與休閒活動，並在人的一生中培養一種合理的休閒生活方式，實現自我價值。

3. 關於休閒倫理價值研究

休閒倫理在一定意義上是一種社會文化，傳承著某種價值觀。人們的休閒行為會呈現出休閒行為方式，就表現為一種休閒倫理價值，反映了自己原有建立的價值和信念。因此關於休閒倫理價值的研究是當今西方休閒學界研究的重點。關於休閒倫理價值的研究主要包括：第一，從人性的視角來看，主要經院哲學神學家托馬斯・阿奎納的著作《神學大全》和《論自然原理》和傑弗瑞・戈比的《人類思想史中的休閒》。托馬斯・阿奎納提出了神學人性論，反對宗教禁止人欲，肯定人的合理的自然欲望，並認為人只有通過信仰上帝，才能獲得上帝賜予的幸福。在他看來，休閒是通過上帝而讓人性得到進一步的完善，這表明休閒是人與自然和諧的「助推器」。從傑弗瑞・戈比對休閒的定義來看，休閒不僅可以使人從勞作等壓力解脫出來獲得自由和心理上的釋放，而且還是「成為人」的過程，從中領悟生命的價值意義，使人的生命和生活得到淨化和昇華。他把休閒看成是實現人與自我意識和諧統一的「催化劑」。第二，基於人的自由視角考察，主要研究成果有約翰・凱利的《走向自由——休閒社會學新論》、弗洛姆的《逃避自由》、約翰・紐林格的論著《休閒心理學》、法國著名的休閒學家 J・迪馬瑞傑的名著——《法國的閒暇社會學》、穆勒的《論自由》。約翰・凱利在他的書中，提出休閒應該是在感

知自由現實化並發現其創造價值後產生的。那麼，在他眼裏，休閒不單是一種感覺或行動，而是一種情境自由的價值體驗。紐林格在他的論著《休閒心理學》中強調，要判斷一個人是否有休閒感，只要看他心中有沒有自由感。具體來說就是人的行為是否毫無拘束的，自由而不受壓抑的，如果那樣的描述情況，那它就是真正的休閒。J・迪馬瑞傑在《法國的閒暇社會學》一書中明確指出，閒暇時間的增加使得人們有越來越有機會去進行社會交際和維繫人與人之間的情感，允許個人更自由地表達自己的思想，也變得日益要求有更自由和輕鬆的社交方式……弗洛姆在他有創見的著作《逃避自由》一書中，詳細闡述了自由。他認為，我們已經極大地排除了外在的壓力和外界的束縛，壓力和束縛往往出現在我們自己個人身上。不管是我們在遠離自由，還是遠離與自由相關的社會責任，我們其實都在選擇退路。穆勒在他的著作《論自由》中對自由進行了經典論證，個人的「自由權」是表現在自己的身體和心靈上，限制個人的自由只是為了防止傷害他人。第三，以人的生命意義視角探討，美國賓夕法尼亞大學教授傑弗瑞・戈比在《你生命中的休閒》一書，從社會和個人生活這兩個層面來分析人的生命意義與生活價值之所在，認為休閒是一個較為繁雜的理論概念和生活現象，是人的生命存在過程與價值實現過程中的一部分。因此，人的休閒行為不僅僅只是為了去享受愉悅和幸福，更是為了尋找人的生命真諦。

4. 關於休閒倫理建設研究

隨著西方休閒倫理的逐漸成熟，西方的休閒學者門關於休閒倫理建設的研究得到了很大的關注和重視。其中具有代表性的研究成果主要有如下：卡普蘭撰寫的《美國的休閒——社會調查》和《休閒：理論和政策》，約翰・凱利的著作《走向自由——休閒社會學新論》，西方制定的《全球休閒倫理規範》，等等。

卡普蘭在《美國的休閒——社會的調查》和《休閒：理論和政策》這本書中從休閒的多維度研究美國的社會制度的諸多方面，其中包括社會階層、宗教、世俗的價值觀體系等。如果社會還沒有形成一個良好的休閒倫理價值體系，那麼人們的自主選擇涉及的價值標準就會受到外界的強有力的制約。約翰・凱利在 1987 年出版的《走向自由——休閒社會學新論》中嘗試從各種研究視角來探討休閒理論，而並不只是從社會學的角度分析。這種多角度分析有利於拓寬人們對休閒理論的理解。在這些理論研究模型中，其中從倫理

的視角來討論休閒理論的建設情況，給人耳目一新的感覺，認爲休閒是一種成爲人的過程，可以實現自我，促進人與社會的和諧統一，眞正揭示了休閒的本質和內涵。World Tourism Organization 通過的《全球休閒倫理規範》文件對休閒倫理的建設有較好的指導意義。這份文件對涉及的休閒利益相關者制定了一個休閒活動規則，要求他們在休閒活動中產生的休閒利益關係和休閒倫理道德關係應符合休閒倫理規範。

近年來，西方發達國家特別是美國的休閒學者高在休閒倫理研究方面，取得了較爲豐碩的成果。西方許多國家已經成立了許多休閒研究機構，如 WLRA、Academy of Leisure Sciences、World Leisure and Recreation Association、World Leisure 等。有些西方國家的一些大學開設了休閒類的專業，而且還舉辦了《Annals of Leisure Research》、《Society and Leisure》、《Leisure Science》、《World Leisure Journal》、《Leisure Studies》、《World　Leisure》、《World Leisure and Recreation》等一些研究休閒問題的學術性期刊。

西方發達國家對休閒倫理研究相比我國而言取得了比較豐碩的成果，涉及到休閒倫理原則、休閒倫理價值以及休閒倫理建設諸多方面。西方的休閒學者以不同的研究方式和以多維視野的角度來對休閒倫理問題的某些方面提出來自己的深入的獨到見解，同時也給我們國內的休閒學者拓寬視野、深入進行研究有很大的啓迪作用。但是，整體上看，西方的休閒倫理學研究也還處在初創時期，系統性的研究成果和有突破性的研究成果相對較少，關於休閒倫理學基礎理論、價值體系、評價標準以及休閒方式健康化、合理化等方面的研究成果相對薄弱。就此而論，基於新的時代情勢和休閒生活要求深度推進休閒倫理學研究，實在是一件亟待加強的工作。

四、研究思路和研究方法

（一）研究思路

本文立足於人類特別是我國休閒時代到來的實際需要和人們休閒生活的內在需求，從休閒倫理與幸福生活的主題切入，以馬克思主義的唯物史觀和辯證法爲主要的理論基礎和研究方法，在深度發掘中西方休閒倫理思想資源的基礎上，深入探討和論述當代休閒倫理的基本理論、主要原則和規範，科學闡釋了休閒倫理與勞作倫理、休閒倫理與幸福生活的關係，以此反觀現實，剖析了我國當代休閒倫理失範的種種原因，提出了若干治理對策，並就如何建設具有中

國特色的當代休閒倫理發表看法，主張建構與現代文明相適應，與幸福人生相契合，與宜居家園相一致的休閒倫理，以此推進個體身心健康，積蓄創業能量和追求高雅生活，發展起融先進性與廣泛性於一爐，集民族性與世界性於一體，以逸助勞、以勞養逸、勞逸結合的社會休閒倫理文化，爲建設社會主義精神文明和生態文明，整體提升中國精神，實現中華民族偉大復興服務。

（二）基本架構

本文共分六章，依次探討了休閒和休閒倫理的定義、本質特徵，中西方和馬克思主義關於休閒倫理思想資源，休閒倫理的基本原則，休閒倫理類型及實踐要求，休閒倫理與幸福生活，休閒倫理失範與治理對策等問題，初步建構了一個休閒倫理的研究框架。

第一章，休閒與休閒倫理概述，對什麼是休閒、休閒的本質特徵和作用作出了比較全面的闡說，在此基礎上，論述休閒倫理形成發展的當代背景，並著重論述了休閒倫理的本質特徵，爲深入全面研究休閒倫理提供了必要的理論鋪墊。

第二章，休閒倫理思想資源。側重對中國、西方和馬克思主義三大文化傳統中休閒倫理思想資源予以掘發，主張在馬克思主義休閒理論指導下，批判繼承中西方休閒倫理思想資源，以建構中國當代休閒倫理學。

第三章，休閒倫理的基本原則。提出並集中論述了休閒倫理三大倫理原則，身心健康是休閒倫理的第一大基本原則，它要求休閒活動必須遵循身心健康的發展規律，按照有益於身心健康的要求開展。正當合理是休閒倫理的關係性原則，也是處理各種休閒關係必須遵循的核心和重要原則。高雅文明是休閒活動和休閒生活應當遵循的目的性原則，它要求休閒主體以及主體與主體之間應有對休閒活動和休閒生活的正確認識，努力發掘休閒活動的正面價值，擴充正能量，使其向著高雅文明的方向發展，成爲提升人的幸福生活指數、實現人的自由全面發展的重要手段。

第四章，休閒倫理類型及其實踐要求。論述了節日喜慶休閒倫理、遊戲娛樂休閒倫理、體育健身休閒倫理、旅遊觀光休閒倫理、生態農業休閒倫理五大類型及其道德實踐要求，貫徹並進一步深化了休閒倫理三大基本原則，從比較具體的生活實際方面強化了休閒倫理規範。

第五章，休閒倫理與幸福生活。在對休閒倫理基本原則、實踐要求科學把握的基礎上，重點闡述了幸福生活與休閒倫理的辯證關係，認爲幸福生活

需要休閒生活並離不開休閒倫理，積極健康的休閒生活有助於提升和實現人的幸福生活指數，提出了降低現代社會過勞死比率，正確處理勞作倫理與休閒倫理關係等命題，深化了對休閒倫理功能效用的認識。

第六章，休閒倫理失範及道德治理對策。揭示了我國在轉型期內出現的種種休閒倫理失範現象，並分析了形成的原因，主張採取有力措施，加大治理力度，認爲道德治理是一個系統工程，要求主體加強行爲自律和內心道德修養，社會強化休閒道德評價和監督，同時要建立健全有關規章制度，實現道德自律與道德他律的有機統一。

結語，建設以人爲本的休閒倫理。論述了如何在馬克思主義指導下，建設有中國特色的社會主義休閒倫理，闡釋了休閒倫理怎樣服務於人的自由全面發展之價值目標等問題。

（三）研究方法

除以唯物辯證法爲根本的研究方法以外，本文還運用了理論與實踐相結合的研究方法，文獻研究法，綜合研究法等：

1、理論與實踐相結合的方法。應用倫理學的研究是現時代一系列嶄新的實踐問題所引發的，這些問題的新穎性向傳統的道德理論的適用範圍與解決問題的能力提出了挑戰，本文研究的是當代中國的休閒倫理，需要把理論研究與實踐研究有機地結合起來，在實踐中總結理論，以理論指導實踐，進而建構既有強烈理論色彩又有突出實踐意義的休閒倫理，爲人們科學休閒、和諧休閒、健康休閒提供理論和實踐的雙重支撐。

2、文獻研究法。本文以文獻法爲基本方法，搜集、整理了中西方倫理思想史上的大量文獻，並對這些文獻進行閱讀、鑒別、歸納、評價、概括，在既有研究成果的基礎上提煉總結，爲進一步的研究提供知識支撐與依據。這是本文進行研究的基礎性工作，也是本文研究結論可信度的基本保障。本文充分借助文獻法，閱讀了大量有關休閒學、健康學、中西方傳統倫理思想史關於休閒與勞作、休閒與幸福的資料，力求對休閒倫理的本質特徵、基本原則和實踐要求做出深入系統的研究。

3、綜合研究法。休閒倫理是一個新的研究領域和倫理類型，涉及休閒哲學、休閒經濟學、休閒心理學、管理學及旅遊學、健康學等各個領域。每一個學科對人之休閒意義和價值的認識都有著自身獨特的視角，借鑒這些學科研究休閒生活與實踐已經取得的理論成果及其研究方法，通過這種多學科互

相借鑒，綜合分析研究休閒文化的方法，力圖取得一定的突破性進展，建構當代中國的休閒倫理。

五、創新與不足

（一）創新

本文在目前國內外研究基礎上研究當代中國休閒倫理，並嘗試提出以下觀點：

1、關於休閒倫理的定義和本質特徵。休閒倫理就是人們在休閒生活和休閒實踐中應當遵循的基本行為規範及其由此形成的德性品質等的總和，是一個由休閒倫理意識、休閒倫理關係和休閒倫理實踐所組合起來的休閒倫理體系。休閒倫理的本質與人的本質相聯繫，是人的生命質量和生活方式的表現樣態。

2、提出並集中論述了休閒倫理三大倫理原則，認為身心健康是休閒倫理的第一大基本原則，正當合理是休閒倫理的關係性原則，也是處理各種休閒關係必須遵循的核心和重要原則。優美雅致是休閒活動和休閒生活應當遵循的目的性原則。三大原則相輔相成，共同組合起休閒倫理的原則體系。

3、對休閒倫理類型作出了初步的劃分，即將其劃分為節日喜慶休閒倫理、遊戲娛樂休閒倫理、體育健身休閒倫理、旅遊觀光休閒倫理和生態農業休閒倫理，並對其道德實踐要求或行為規範作出了論述。

4、對休閒倫理與幸福生活的關係作出了較為深入的探討，主張正確認識休閒倫理與勞作倫理之間的關係，以積極健康的休閒生活提升幸福生活指數，降低社會生活中過勞死比率，促進人們生命質量不斷提高。

5、對休閒倫理失範及道德治理作出了初步的探討。提出了綜合治理、重點治理等對策。並對如何建構有中國特色社會主義休閒倫理提出了設想。

（二）不足

由於各方面的原因，本文也存在諸多不足。主要有二：

1、由於本文的論域主要是當代中國休閒倫理，受選題本身研究範圍的限制，對西方現當代休閒倫理的研究還不夠全面和系統，這將是筆者下一步要做的主要工作。

2、對各個時代主要代表人物休閒思想的發掘和分析尚有所欠缺，有待在之後的研究中進一步深化。

第一章　休閒倫理的形成與本質特徵

休閒倫理是休閒倫理學的研究對象和領域，是當代應用倫理學研究的新領域和新問題。休閒內含著人的某種價值取向和倫理標準。作為內含著人的某種價值取向和道德標準的生命活動，休閒本身是一種情感體驗，是人與休閒環境相融合的一種愜意與愉悅，是人的社會性、生活意義、生命價值存在的享受。休閒倫理的本質與人的本質相聯繫，是人的生命質量和生活方式的表現樣態。

第一節　休閒的定義、特徵與作用

理解休閒倫理當從理解休閒入手，因為休閒倫理探究的是休閒生活和休閒實踐中的倫理，如果不能對什麼是休閒，休閒有什麼本質的規定性作出理論界說，那就不能科學完整地探討休閒倫理。

一、休閒的內涵與本質

休閒是與勞作相對應而言的一個概念，是休閒學的研究對象。休閒的本質與人的本質密切相關，是人的生命力量和生命方式的表現形態。

（一）休閒的概念

休閒與休息、閒暇等概念近似，但又有區別。一般來說，休息主要是指勞作之外的身體機能的休整或休憩狀態，常以身體器官的放鬆或手腳肩腰的非勞作狀態表現出來，如勞作之後的睡眠、臥躺、歇息等。閒暇是指勞作之

後或之外的大量空餘時間及其打發，如閒聊、閒話以及某些被動參與的遊戲或娛樂活動。休息和閒暇，與精神生活的關聯度不大，前者重心在體能的恢復，後者重心在時間的打發。休閒既含有身體機能的休憩和閒暇時間的打發，更是一種自我選擇、自我創化的精神生活和文化娛樂活動，是一種有一定目的和價值追求並有限制範圍和意義評價的業餘生活方式。

1. 詞源的考察

（1）古漢語中的休閒詞義

「休」一般而言，是指身體機能勞累而需要的休息和休養。只有休息和休養才能恢復體力並保持身體的健康。從字義的角度來看，按照中國的象形文字來解釋，「休」是人倚木而息，即人勞動累了以後倚靠著樹木而休憩。「人倚木而休」《詩·大雅·民勞》有「民亦勞止，汔可小休」。此處「休」指休息、休整，庶民辛勞而導致身體疲倦，因此休息就成為必要而且應當的要求。同時，休在古代還有吉慶、美善和福祿的意思。《詩·商頌·長發》中有「和天之休」詩句，鄭玄釋之為「休，美也」。《左傳·襄公二十八年》載子大叔言：「宋之盟，君命將利小國，而亦使安定其社稷，鎮撫其民人，以禮成天之休」，此處「休」為福祿。此外，休，還有休止、罷休、不要等意思。

「閒」，原指木欄之類的遮攔物。《周禮·夏官·虎賁氏》有「舍則守王閒」一語，鄭玄注「閒，椸梐」。賈公彥疏：「曰閒，是其閒與椸梐皆禁衛之物，故以閒為椸梐釋之也。」閒，也指馬廄。《周禮·夏官·校人》曰：「天子十有二閒，馬六種」。鄭玄注「每廄為一閒」。引申含義為範圍、區域，如今多用來指代規範、準則、法度。《論語·子張》中有：「大德不逾閒」。「閒」，有控制、限制、約束之意。孔穎達疏：「治家之道，在初即須嚴正立法防閒。」《易·家人》中記載：「閒有家」。「閒」，即「嫻」，意思是賢淑、嫻靜，思想上很純潔。

將休與閒結合在一起，含有勞作之後的休息及其在休息過程中遵循一定的法度從而使休息成為幸福人生之重要內容的意思。休閒是一個兼具哲學、倫理學和美學意味的詞語，其一般意義是相對於人類生存過程中勞作而言，指謂一種不同於勞作的休憩和閒暇狀態，蘊含著生命機能通過休整或休息所生發的精神自由和愉悅等要素。「人倚木而休」，人們休整精神，確保身體的頤養活動得以充分地進行，使人與自然渾為一體，賦予生命以真、善、美的價值意義和道德意蘊。

（2）英語中的休閒詞義

在英文詞義學中，英文「Leisure」在西方有以下來源：一是來源於希臘語中的「Skole」和拉丁語中的「Scola」，有「休閒」及「教育」的意思，蘊含發展休閒娛樂可以使人們從中得益，並且休閒娛樂也爲教育文化活動提供了發展契機和條件。休閒滋生教育並因教育而獲得內在意義，教育在休閒中產生並提升著休閒的意義和價值。二是來源於古法語「Leisir」，指的是人們在工作以後或工作之外的閒暇時間和自由活動。可見，休閒本身具有兩層基本含義：一是自由和自由時間；二是教育和智慧。這兩層含義之間也是相互聯繫的，首先要有自由和自由時間，然後利用自由時間接受教育和獲得智慧。這些含義本身就反映了休閒（自由和自由時間）和勞作（勞動和勞動時間）的一種對立關係。

2. 休閒的定義

澳大利亞悉尼大學的 A.J. Veal 教授在「休閒和娛樂的定義」一文中統計了比較有影響的二十七種定義。現任世界休閒組織秘書長克里斯多弗・艾丁頓博士把這些定義總結爲以下方面：自由時間（free time）、活動（activity）、心靈狀態（state of mind）、社會階層的象徵（symbol of social class）、行動（leisure as action）、反功利（antiutilitarian）、整體觀（holistic）。美國當代休閒學家傑弗瑞・戈比首先分析了關於休閒的各種定義，並在此基礎上對休閒的概念進行了界定，他認爲「休閒是一種相對自由的生活方式，是脫離文化和物質兩種環境，以個體感興趣的、能夠體現個體價值的方式展現出來的活動，它的產生是由內心之愛所推動，並提供信仰的基礎」。〔註 1〕這一定義的先進之處在於突出了休閒的心理體驗性，認爲人們在休閒活動中應該是愉悅的感受，這也是休閒的最終目標，而不能是「閒而不休」。該定義中的休閒與當前社會發展相適應，是一種符合當前需要的狀態和態度。馬克思提出，人類社會發展中超出人類直接需要的方面，就是人類對自由時間的利用，而人類對自由時間的利用是人類社會存在和發展的基礎，個體能否在自由的狀態下自由發展是人類社會發展的判斷標準。〔註2〕

至於休閒的詞源意義，我們認爲，休閒指在非勞動及非工作時間內以「玩」

〔註 1〕　〔美國〕傑弗瑞・戈比著：《你生命中的休閒》，雲南人民出版社 2000 年出版。
〔註 2〕　陸彥名、馬惠娣：《馬克思休閒思想初探》，《自然辯證法研究》2002 年第 1 期。

的方式求得身心調節與放鬆，達至生命保健、體能恢復、身心愉悅狀態的一種業餘生活，是指在一定物質條件下，促進個人發展的閒適自由的一種生存狀態。休閒不僅是一種生存狀態，同時也是一種生活方式，人們的休閒活動構成了一種文化現象。〔註3〕科學文明的休閒方式，可以有效地促進能量的儲蓄和釋放，它包括對智慧、體能的調節和生理、心理機能的鍛鍊。

英國哲學家羅素曾經說道：「從事休閒活動的能力是判斷文明程度的手段」。休閒絕對不等同於休息，休閒也不是空閒、無所事事，休閒指的是人類的精神生產，同時也是人的生命需求，是人彰顯生命意義和價值、創造幸福人生的重要方式。從哲學的角度來看，人們在完成工作任務之後，需要選擇一種較為合理的文化欣賞、創造以及建設行為與方式，目的是進一步豐富人們的精神生活，愉悅身心。健康休閒不讀那可以改善人們的精神生活，還能擴大視野、淨化心靈，挖掘人的創造潛力，推動創造，以滿足人們的物質文化生活需要，進而對人們的生活方式、社會結構和產業結構產生深遠的影響。

（二）休閒的本質

馬克思是從時間活動的角度去理解休閒的內在含義和本質的。他把自由時間分為「生活必需的時間」和「可自由支配的時間」，其中可自由支配的時間就是休閒時間。他把在休閒時間的活動過程中的休閒分為娛樂休閒等一般性的休閒以及實現人的全面發展的，在精神上實現自由的休閒活動。休閒的本質就是指在休閒時間中能夠積極主動、自由地發揮人的本質力量的較高級活動。

依據馬克思的休閒本質論，我們認為，休閒是人們在擺脫了勞動和社會責任等外界的束縛之後，在可以自由支配的時間裏，自由選擇的、自我表現的、顯示出個性發展的活動享受的一種精神自由狀態，這是一個沒有外界強制性因素的自由自主活動，是一個放鬆身心而頤養性情進而促進身心健康更好地享受生命價值的過程。通過休閒並借助於休閒，人的本質力量獲得充分的展示，生命質量得以提高。所以，休閒是主體在物質和精神同時作用下表現出來的生命實現過程中的自由、愉悅和享受狀態，是休閒主體在休閒中實現生命的本質，從而達到一種心靈自由的生命狀態的境界。休閒的本質和勞作的本質密切相關，如果說勞作的本質是創造人生幸福所需的必要條件和物

〔註 3〕 謝伍，構建社會主義休閒倫理 促進我國休閒文化健康發展〔EB/OL〕，http：// xxxueshu.cn/fbwz/zhuye_xxxueshu_new.aspl.ID=404。

質財富、精神財富，那麼休閒的本質則是享受勞作所創造的條件和各種財富，並提出休閒的進一步需求以供勞作創造。勞作與休閒的關係類似於生產與消費的關係。沒有生產，消費無法達成，沒有消費，生產就失去意義。勞作與休閒的關係也即是創造幸福與享受幸福的關係，創造幸福是爲了享受幸福，享受幸福必須以創造幸福爲前提，創造幸福又必須以享受幸福爲目的。二者相輔相成，彼此相互聯繫、相互依賴，共同架構成人生幸福的有機體系。

休閒本質上是人逐漸擺脫種種外在束縛而能夠積極樂觀地享受生活、創造生活、實現自我的愜意超然的狀態，是一種不同於勞作的生命樣式和生活方式，體現著人對生命本身的認識、生命價值的把握以及生活實踐的智慧。

（三）與休閒相關的幾個概念

1. 閒暇

日前學術界對休閒和閒暇這個概念是最容易弄混的，何時應該稱之爲休閒？何時稱之爲閒暇？實際上，這兩者經常處於被混用的狀態，因此有必要區分清楚休閒與閒暇的關係。

馬克思認爲時間可以分爲「勞動時間」和「自由時間」。「自由時間」就是廣義上的閒暇時間。然而，人們在自由時間裏不一定就眞正地「消閒」和「自由」，因此，馬克思又把自由時間分爲「生活必需的時間」和「可自由支配的時間」。眞正的閒暇時間就是我們的「可自由支配的時間」。因此，閒暇不僅是一個客觀的時間概念，同時也是一個主觀意願的心理概念，它是人們完全憑個人意願所度過的時間。閒暇是除了工作、睡眠、吃飯等生活必需時間以外個人可靈活使用的時間。從這個角度看，閒暇提供休閒發生的機會——自由時間，越是發達的社會，閒暇中就有越多的活動屬於休閒。〔註 4〕休閒發生在工作領域以外、閒暇時間之內的，目的指向型的閒暇活動，它類似於發達國家的娛樂活動。

因此可以得出結論，閒暇是一個比休閒更爲寬泛的概念，是休閒的必要條件。

閒暇與休閒二者是有一定的區別的。首先，人人可能有完成工作之後的閒暇時間，可是並不是所有人都有休閒的機會。休閒的實現不但需要有充足的閒暇時間作保證，還需要建立一種生存體驗方式。其次，人人可能擁有閒暇時間，

〔註 4〕孫海植等，休閒學〔M〕，大連：東北財經大學出版社，2005：9．

但並不是說人人就都獲得了體閒，閒暇僅僅是休閒的必要條件，對於一個物質都無法保障的人來說，就是有再多的閒暇時間，也不能進行休閒。從這兩者的比較來看，閒暇是人的一種自然的本質權利，而休閒是一種社會特有的權利；休閒是因人而異的，並且與我們這個社會以及個人自身的條件有關。

2. 玩耍

從對玩耍的詞源考究上看，古希臘中玩耍與孩子的詞源是同一的，表示玩的詞語是 paidai，如果換語氣的話，它就會變成孩子氣（childrenlike）的意思。這說明，玩耍是一種本能的、自發的行為，而不是一種義務或者強制的行為活動。因此，我們可以這麼說，玩耍（play）是指基於人類本能自發的、用一種不嚴肅的態度來對待的且結果不能事先預料的自由性活動。玩耍是一種自然的、沒有目的的和不需要經過正式組織性的人的一種本性活動。玩耍是人為了自己追求興奮和愉悅的自我表現。

休閒與玩耍兩者之間有一定的聯繫。兩者都是自發性的行為，而且都是跟工作相對立的。在有的情況下，玩和工作也可能混合在一起，而休閒則處於與工作完全相對立的狀態。玩耍是人的天然本性需求之一，是人的一種自發性和自願性的內在需要，是人們在通過玩耍的過程中進行休閒教育的重要途徑。因為休閒是一種後天習得的行為。

它們的不同之處是：一是參與主體不同，玩耍一般被認為是兒童自發性的活動，休閒更多是指成人所進行的活動。二是參與目的不同，玩耍是在閒暇時間內進行的非目的性的活動，大多數是為了消磨時間，其目的性相對來說較弱；休閒是一種具有一定組織和社會目的的活動，受到各種因素的影響。三是參與範圍不同，玩耍一般重視活動的形式，而休閒則強調集時間、活動、情感和行為於一身的多層面、多形式的綜合體〔註5〕。

3. 旅遊

旅遊是指以離開日常生活空間一段時間，並以移動為基本特徵的行為。旅遊是人們進行心情轉換、休息，或者為了接觸新的生活或未知的風景、提高修養等目的，而去旅行或離開居住地並逗留一段時間的一種休閒活動。〔註6〕我們來看下休閒和旅遊之間的關係。

〔註5〕蘇富高，杭州居民休閒生活質量影響因素研究〔D〕，浙江大學 2007（02）：13。
〔註6〕孫海植等，休閒學〔M〕，大連：東北財經大學出版社，2005：14。

Kevin認爲旅遊與休閒之間是存在一定的聯繫的，指出隨著社會時代的發展，旅遊不是特殊的休閒，而是通過人的一種行爲或社會心理上的認知，從而成爲一種人們普遍接受的體閒形式。休閒與旅遊是一對孿生姐妹，二者之間有著密切的聯繫，具有一定的共性，它們之間具有相互交叉（或部分重合）的關係。旅遊是休閒的形式和手段之一，而且是綜合性的高層次的休閒活動。

休閒與旅遊兩者之間也是有不同的。表1-1詳細列出了休閒與旅遊之間的不同。休閒與旅遊的差異主要表現在價值取向、空間範疇、行爲模式、時間向度、資源情境、活動內涵等方面。

表1-1 休閒與旅遊的區別

評價項目＼類別	價值取向	空間範疇	行爲模式	時間向度	資源情境	活動內涵
休閒	在不受任何約束與支配的情況下修養身心的	可以在日常的和非日常的任何空間裏進行	在自由時間裏發生的行爲	在約束時間之外的時間	沒有特定的空間與資源	做自己喜歡做的事情
旅遊	爲了實現某一願望或讓精神得到放鬆的	伴隨空間的位移	爲了觀察、體驗或者適應環境的	需要花費一段時間才能進行	往往是遠離日常的生活圈的區域資源條件	以空間移動爲特徵的休閒活動

資料來源：李仲廣，盧昌崇，基礎休閒學〔M〕，北京：社會科學文獻出版社，2004.

從表1-1中我們可以得知，休閒與旅遊的主要差別就在於休閒的外延要比旅遊要大一些。

二、休閒的特徵

根據休閒的概念、休閒的本質，可以得出休閒的特徵，主要包括以下四個方面。

（一）自由選擇性

人們通過休閒可以自主支配閒暇時間，去自由地選擇自己喜歡的休閒活動方式，實現自我支配的行爲能力。因此，這種自由的選擇正是人們對於休閒的

一種接受和認同。克里斯布爾等人認為,「休閒中的自由就是沒有任何強加的成分和免除了所有的義務這一狀態。」〔註7〕這實際上就是休閒者可以完全根據自己的興趣和個性需求來選擇自己喜愛的活動,也就是說這種自主選擇的活動沒有任何的非義務性和非功利性等非休閒因子,它是一種完全的休閒狀態。

如果一個人是完全處於自發性地進行休閒活動,那麼,這種休閒活動就是自由選擇的結果。因為真正的休閒就是根據自己的興趣和需求所選擇自己喜好的活動。我們所進行的休閒行為是不能包含一些非休閒因素的,否則就不是出於自主選擇的結果。

(二)生活方式性

在社會生產力水平大幅提升的影響下,人們的生活也出現了較大改善,人們也有更多閒暇時間來充分享受休閒。休閒開始逐漸成為人們的生活習慣,也成為人們生活中的重要組成部分。杜馬哲迪爾認為,不能僅僅把休閒看成是社會行為的一個明顯類別,它是伴隨任何生活的行動方式。作為一種文化形式的存在,休閒離不開社會這個大環境,從古代社會到現代社會,休閒從某種角度上說,反映了一種社會關係。這表明休閒已經在人們的社會生活中成為一項極為重要的活動,與人們的生產和生活息息相關。

生活方式性作為休閒的基本屬性,內在反映了休閒的本質。然而,休閒生活方式容易受到多方面的因素影響,如社會生產力的發展狀況、人類文明進步程度、人們生活的時空閾值範圍以及人們的休閒主體性如何等方面。所以說,要提高休閒生活的質量,如何有效把握休閒生活方式的影響因素就成為其關鍵所在。

(三)修養身心性

修養身心性是休閒的第三個重要特徵。確實,修養身心一詞來自於拉丁語「recreare」,其意為得到修養、恢復或復活,這一詞語有時可與休閒一詞互換使用。近代工業文明社會是休閒這一概念產生並發展的一個重要影響因素。這使得休閒和工作成為對立的概念,休閒也就成為個體從一天的工作的辛勞和壓力中得以恢復的手段。休閒於是被看成了從工作中獲得的獎勵,它修養身心的特性被看作是對工作的支持。

〔註7〕〔英〕克里斯,布爾等,休閒研究引論〔M〕,昆明:雲南人民出版社,2005:33。

在現代社會，由於生活節奏加快，人們總是面臨著各種壓力，如升學、工作等各種社會壓力。通過休閒活動，一方面，它能夠幫助人們社會工作中的外在壓力中得到解脫，使人身體得到調整，精神得到放鬆；另一方面，它能夠給人們帶來身心愉快、精神滿足和自我實現與發展，這是人們對內在價值的精神追求和情感的需要。人們把休閒看成是一種基本的生活方式，積極追求休閒意蘊，並從中追求自身價值的實現和心靈的昇華。

（四）價值創造性

杜馬哲迪爾指出了休閒可以使人擺脫個人的日常性和固定性的社會生活的乏味和枯燥，在超越現實的世界裏自由地反對或補償支配自己前途命運的價值。〔註8〕因此，休閒在一定程度上具有解放性，意味著人們從義務性的社會約束和不能充分滿足個人的日常生活中得到脫離，讓人們可以充分追求快樂和內在價值，通過休閒得到自我完善。在現代社會，人們確實可以通過休閒獲得精神上的滿足和自我價值的實現。

個人要實現自己的人生價值，可以通過休閒獲得社會創造的靈性。比如，人們在休閒娛樂活動的創新中，打破了僵化的思維，創造性的思維得以迸發，產品不斷推陳出新，推動經濟社會的進一步發展。這充分說明休閒作為在有限的時空範圍內實現人類的創造性活動，使人具備精鍊的創新意識，充實的新的活力，為社會謀福利。總之，必須要充分重視價值的創造性，讓人們在參與休閒活動中感到生活富有意義，同時發揮人們的思維創造性，在社會工作中創造價值。

三、休閒的功能與作用

在進入大眾化的休閒時代，休閒在社會中起著越來越重要的作用，休閒以各種形態影響著個人、社會和整個國家，並且它的功能也呈現出多樣化。可以說，休閒在內容和形式上無不具有特殊的作用，這就是我們在這裏探討的必要性和可行性。

（一）、休閒的功能

休閒既是人的生命存在方式，同時也是生命的表現形式，它在社會中具有如下幾方面的功能：

〔註8〕參閱李光偉：《構建和諧社會視域中的休息發展》，曲阜師範大學碩士學位論文 2008 年。

1. 政治功能

柏拉圖（Plato）曾經說過，「不受現實生活煩擾的統治階級，應該把所有的時間用於沉思眞、善、美的問題，使他們變得更加完美，從而更好地鞏固其統治地位。」〔註9〕從柏拉圖的話語中，很顯然，他是強調休閒是爲統治階級和一個國家的政治制度所服務的，而不是爲具體某個人服務的。不過，他的觀點也存在一定的局限。因爲休閒不只是爲統治階級的休閒生活服務的，也有爲個體的休閒生活服務的。

2. 經濟功能

從當今發達國家的服務業的發展狀況來看，不同形式的休閒已成爲對國家經濟影響日益增加。各國政府越來越重視休閒業，並積極制定相關的休閒業政策。這反映出休閒的經濟效用。

3. 文化功能

休閒對個人和社會這兩者具有創造文化的意義和作用。現代社會的休閒，個人在時間和精神自由的狀態下進行自我發現和再創造，所以，在休閒時間裏創造出來的藝術和文學等等都是發展健康的的文化的手段。

4. 教育功能

羅伯茨指出：「學校有很多局限性，很難影響到學生的未來生活。」〔註10〕根據他的休閒教育思想，其實很多知識是除了學校的課堂教育以外的渠道學習到的，主要就是在休閒活動的過程中習得一些知識和能力的。

在休閒娛樂發達的今天，休閒的潛力增強意味著很多社會成員有更多的機會去嘗試新的休閒方式，而在嘗試新的休閒方式中往往需要教育，再學習。這樣的學習可能需要具體的一些動手能力；有的可能需要某方面的科學知識，等等。因此，在這時，休閒本身就是教育，再學習。此時，這兩者的目的是一致的，都是爲了人類的自我開發。

5. 環境功能

環境問題是目前世界各國的普遍關注的問題，環境的好壞直接影響到一個國家經濟社會的發展水平。

〔註9〕 李仲廣，盧昌崇，基礎休閒學〔M〕，北京：社會科學文獻出版社，2004：103。
〔註10〕 〔美〕傑弗瑞，戈比，你生命中的休閒〔M〕，昆明：雲南人民出版社，2000：314。

休閒產業作為一項與環境相協調的綠色環保產業，對資源環境和生態環境的壓力較小，破壞性程度也較低，十分有利於保護我們生存的地球環境。因此，休閒的發展對於環境的保護作用是十分明顯的。如休閒產業在改善人居環境和基礎服務實施；保護自然環境、歷史文物古蹟；提高城市綠化，改善環境質量；培養科學的環境倫理，增強人們的環保意識等方面起著積極的影響作用。可見，休閒對環境的積極作用促進了造福了社會和人民。

（二）休閒的社會作用

根據不同的劃分標準，休閒的作用劃分也有所不同。有的休閒學者從個人的或者社會的作用方面來分類；有的從社會學和心理學等角度來分析休閒的作用；還有的從教育和環境等視角來劃分。不過，在這裏，我們採取馬克思的歷史辯證觀，一分為二地將休閒的作用分為正面的和負面的作用。

1. 休閒的正面作用

（1）休閒對個人的積極作用

對於那些處在高強度、工作極為單調而機械的勞動人們來說，身體的疲勞和緊張是不可避免的。積極的休閒活動不僅可以解除疲勞、幫助人們重新恢復體力，而且在很大程度上可以滿足個人在其他生理方面的需求。因此，休閒可以促進個人的身體健康。參與運動或遊憩方面的休閒活動，能促進血液循環、消除精神緊張，使身體均衡發展，保持具有協調性的體魄，減少機能退化性疾病的危害。由於使精神得到充分的鬆弛，一些休閒使一般情緒上的生理疾病顯著地減少。〔註11〕魯斯特認為，休閒是預防未來的方法。積極的休閒活動可以使身體極度疲乏的身體得到釋放，是享受生活的一種生活方式。

休閒在心理方面也起著積極的作用。積極的休閒活動，有利於促進人們的心理健康。人們可以通過休閒排解反覆單調的勞動或者工作以及在勞動或者工作中的不滿所引起的壓力和緊張，從而恢復心理上的安定。休閒還能著陶冶休閒者的心情，培養休閒者一種寧靜致遠和清心寡欲的心境與能力的作用，使休閒者可以擺脫其狹隘、愚昧和自私，變得更加灑脫、文明和友善，從而增強休閒者的休閒倫理修養。休閒者可以在舒緩和寧靜的心境中，讓心情得以轉換，自己的心靈得到淨化，從而在心理需求上獲得極大的滿足。

〔註11〕李仲廣，盧昌崇，基礎休閒學〔M〕，北京：社會科學文獻出版社，2004：107。

個人作為社會的成員，要在社會中生存和發展，就必須要讓自己的行為活動符合這個時代約定俗成的社會制度和規範，讓人們明確自己在社會關係中的地位和作用，學會社會責任感，處理好人際關係，以適應社會的發展。那麼，如何掌握這些社會行為規範，使之人得以生存和發展。人們往往是通過正規的教育來習得社會知識和經驗，其實，除了在學校接受正式的課堂教育以外，主要是通過休閒活動的社會化過程來完成的。人們從小就在各種形式的休閒環境中成長，接受各種符合社會共同認可的規範行為，逐步形成一種社會認可的生活方式。

有的休閒學者認為，休閒可使人們擺脫制度的制約和工作的壓力，選擇自己喜歡的休閒方式，自由地發揮個人的創造力，爭取更好地自我發展和自我實現。的確，人們通過休閒活動，可以發展智力、陶冶情操、培養良好的個性，使得自己的人格和素質得到提升。它能夠有效地提高人們的生存和發展質量，滿足人們的物質的和精神的各種內在需求，能使人在休閒活動中生活快樂幸福和自我價值的實現，從而有利於實現人的全面發展。

（2）休閒對社會的積極作用

休閒已成為一個社會發展水平的指向標，休閒活動在整個國家的發展中起著重要的作用。休閒是社會發展到一定階段的必然結果，它與社會之間存在良好的互動關係。這二者之間的關係體現為休閒是從社會發展中產生出來的，反過來休閒在一定程度上又會促進社會的進步。在許多國家的城市，各類休閒活動已經成為經濟活動得以運行的基本條件，也已成為解決現代社會問題的重要手段。休閒的作用主要反映在影響政治、經濟、文化、教育、環境等方面。

休閒可以促進國民經濟的發展，主要表現為：休閒產業的迅速發展有利於促進產業結構的合理調整，提高社會經濟的發展水平；同時也可以不斷的提高休閒產品的質量和休閒服務水平，有效地刺激休閒產品和服務的消費，拉動經濟的增長；可以積極推動產業結構的調整，實現資源在產業間的合理、有效配置；可以提供更多的就業崗位，在一定程度上緩解了就業壓力，有利於經濟的正常有序發展；甚至還有的人認為，休閒在身心調整的作用下提高了勞動者的生產積極性等等。因此，可以說休閒對經濟在很大程度上產生了一系列的積極作用。

2. 休閒的負面作用

休閒作為社會發展的產物，並非都在社會發展中起積極的作用，有時也

可能會起到消極的作用。因此，要正確認識休閒與個人、國家發展的關係，要敢於正視休閒的正負面的作用是非常必要的。

當前，也存在著許多不良的休閒生活，對社會的發展帶來了很大的負效應。根據權威的休閒組織機構對我國民眾的休閒活動情況的調查來看，在休閒生活領域中有以下幾種不良的情況。

首先，目前社會上存在很多虛僞性的休閒。由於當今社會存在盲目攀比或者爲了面子的風氣，爲了在他人面前展示自己的風光，有時會僞裝自己的行爲。尤其在現代的休閒領域中，像這樣的人往往不是爲了自我實現的目的，只是爲了做給他人看，滿足自己的虛榮心，最終造成了奢侈和浪費。

其次，有相當部分年輕人過分追求享受的休閒。現代休閒過分追求享樂，在休閒的過程中很可能會拋棄社會道德觀和休閒倫理的價值理念，很少理性地進行休閒生活，並將以享樂主義爲最高信奉。而享樂導向型的休閒產業對青少年的教育和人們的世界觀帶來不利的影響。

最後，很多人過於片面追求單一的休閒。在這種強調單一化的休閒環境中，人們也就被單一化了。這樣，人們就會逐漸喪失自己的個性，變得格外單調。

第二節　休閒倫理是休閒生活發展的內在需要

從世界範圍看，各國都曾經或正在經歷一場休閒的革命。有統計數據表明，人均 GDP 達到 1000 美元時，社會就會產生關於休閒的普遍需求。21 世紀，中國正步入一個前所未有的休閒時代。休閒已成爲一種生活方式或生活品質，收入、閒暇時間的增長與生命的延長，使得人們參與休閒的機會與潛力大幅增加。休閒在我們現在的生活中佔據著越來越重要的地位。休閒倫理是時代倫理精神和休閒生活發展的內在需要，是人們在休閒生活和休閒實踐中必須遵循的一系列倫理道德規範及其由此所形成的德性品質等的當代倫理形態，本質上可歸屬於應用倫理、實踐倫理、生活倫理範疇。

一、休閒生活內蘊著倫理和價值的因子

當休閒成爲生活的一項重要內容時，人們卻總是將休閒與消遣娛樂、休息遊玩等同視之，對此作出形而下的解釋，未能眞正地將休閒視作生命的一種存在形式或表現樣態，未能在形而上的道德哲學層面上來探尋休閒生活對於生命或生命存在的意義。

其實，休閒並不是簡單的休息、消遣、放鬆，它是人類生活中的重要內容，是生命形式的外在表現。旅遊、度假是一種休閒的方式，但不是休閒的全部。休閒是人們利用閒暇時間的一種全新的社會生活方式。國外研究深度休閒開始於二十世紀八十年代，1982 年 Stebbins 博士首先提出了休閒的概念，認爲它是在休閒活動中的一種認眞態度，因爲自己喜歡的東西，可以深度投入和願意承諾，可以讓一個人因爲興趣加上努力，使學習興趣轉變爲冷靜思考，深入持久活動導致發展成長，形成行爲習慣，最終可能成爲個人工作以外的第二，第三專長。〔註12〕

休閒是一種生活狀態、生活方式，是人們利用閒暇時間從事的以愉悅身心爲目的的體驗性活動。休閒關乎人的身心健康和生活質量，關乎人的幸福與和諧，與百姓生活息息相關，自然會引發高度關注。休閒作爲生命的一個有機構成部分，與生命活動的其他部分或形式，構成生命的整體，構成生命活動的一個部分。在儒家哲學中，個體生命的存在和發展，是與社會的整體存在與發展相關聯的。在把作爲社會、人生普世價值的「仁」內化爲每個個體自覺的心理欲求當中，個體生命的意義就在構築以「仁」爲核心的人生終極關懷當中，獲得生命的超驗證明。在儒家看來，休閒作爲人的生命的一種表現形式，一種對生命意義的追求和探究，其目的在於陶鑄一種完美的道德人格，使主體的人在應對客體的瞬息萬變當中，達到「仁者不憂，智者不惑，勇者不懼」的境界。只有當主體達到這樣的境界或視頻，個體生命才能展現出燦爛的輝煌，即便物質生活條件相對匱乏，也能使人體會到人生的無窮樂趣。所以，孔子說：「一簞食，一瓢飲，在陋巷，人不堪其憂，回不改其樂也。」因此懂得合理休閒是一種人生智慧，也是一種品德。

道家所理解的生命涵義，有自己獨特的路徑和方式，但卻能夠補充儒家生命哲學的不足或缺陷。道家視域中的休閒，是個體生命在自然無爲狀態下的眞實顯現，是生命之自適、自由、自在之本性的呈現。它使個體生命在「順乎自然」當中，保全生命的自由，使其獲得尊道貴德意義上的自然價值。莊子繼承並發展了老子「道法自然」的思想，指出：「爲善無近名，爲惡無近刑，緣督以爲經，可以保身，可以全生，可以盡年。」以保生、全身、盡年爲生命的最高意義和價值。而這一生命價值和意義的設定內在地包含了休閒和在

〔註12〕參閱王蘇：《深度休閒與幸福人生》，東北財經大學碩士學位論文，2010 年 11 月。

休閒中達致自由的精神愉悅。從休閒倫理的視角考察，莊子的主張實際上是在強調個體生命在休閒的自適性當中獲得「恢恢乎遊刃有餘」的自由意義，使身心靈肉獲得一種逍遙遊式的解放、輕鬆和愉悅。道家的休閒倫理實際上是生命的審美化、生命形態的詩意化和生命意義的自由化，所構建起來的是休閒生命的自然、本真形式以及超邁曠達的休閒人生態度。

古希臘倫理學家亞里士多德從構建人生幸福目標的角度闡述了休閒的生命價值與意義，認爲休閒是一種生命的體驗方式，休閒的最佳狀態即幸福的生活是通過個人的生命實踐體驗出來的，它讓人的靈魂和身體都處於良好狀態，持有良好的道德修養方法，平靜面對複雜的生活。近代大陸唯理論者、著名哲學家斯賓諾莎認爲，生命圓滿的基礎就是自然，因爲整個自然界是人所能設想的最完滿的對象。在他看來，自然是生命的存在狀態。自然具有雙重含義，一方面它指大自然，另一方面指生命本身具有的自然本性。我們說休閒是人生命的存在形式之一，而生命的本質是回歸自然，靈魂與肉體合二爲一。法國啓蒙思想家盧梭闡述了人與自然的關係，也即生命的自然屬性及其價值與意義的終極架構。在他的眼中，生命是一種自然而然的秩序。對於人而言，就是說生命乃是一種隨著年齡增長而自然發展的成熟過程，人必須遵循生命的這種自然秩序而獲得主體的自覺。休閒的生命方式，其實質是使人們「認識你自己」。盧梭指出，人是不可能知道絕對的幸福或絕對的痛苦是什麼樣子的，然而，生活中最大的幸福是「感覺自己的滿足」。盧梭強調要從生命的自然規律出發，保持清醒的頭腦，在生活中，使人們能夠眞正按照自然的秩序安排自己的願望，實現自己的理想。

休閒的生命倫理意義是使世俗社會下的人類，認識到怎樣在自己有限的生命周期中實現生命的價值，並建立起富有生命意義的終極關懷，使所有的個體生命都能獲得充實。雖然每一個生命有始有終，不盡相同，但每一個個體生命所負載的永恒的人生理想、人生情懷，乃是生命不死，靈魂不滅，精神永恒的印證。人生如果解決了這樣的一個識度，展現在人生面前的，就將是生命的一種眞正的、偉大的「充實」和「豐盈」。因爲對生命無限的意義理解和把握，恰恰就是對生命內涵與意蘊的一種執著探尋的表現，同時，也是建構生命的終極關懷、人生眞正價值和社會倫理精神的一種創造性的表現，其內在的旨意就是要讓有限的個體生命，自始至終都灌注著生動無限的生命意義和生命情懷，讓有限的生命譜寫無限的人生輝煌。

正是在生命倫理的意義上，休閒作爲生命的一種表現形式或存在樣態，具有自身的內在價值。它不是以遊戲的態度或者消極的態度來對待人生，也不是單純的娛樂，而是積極的、體驗性的、建設性的人生，爲了改善人們的生活質量，使人們實現精神領域的追求，它賦予世俗生活一定的精神價值，增添人們生活的情趣，帶給人們一定的生命關懷，提高人們的智慧能力和創造能力。

英國著名哲學家羅素說，能否聰明地休閒是對文明的最終考驗。社會發展的歷史表明，人類許多發明創造都與休閒活動有著最爲密切的關係。是休閒激發了人們探討自然的奧秘，人生的眞諦，哲學的興起、數學的問世，還有東方式詩詞歌賦、琴棋書畫，都與休閒相關。一些西方思想家們傾向於認爲，休閒的發展是人的積纍，是一個國家的文化資本，是國家教育和人力資本的培養。休閒不僅是尋找快樂，也是在尋找生命的意義，實現生命的價值。

二、休閒生活需要倫理的範導和提升

休閒無論是作爲一種人類的生活現象，還是作爲一個理論命題，都與倫理和價值相關。休閒內蘊著倫理的因子，並需要並呼喚倫理精神的支撐。倫理亦需進入休閒才能更好地發揮自身的功能作用。

人類文明發展的軌跡證實，隨著社會的發展和文明的不斷進步，休閒的含義也在發生著翻天覆地的變化。很顯然，在人類發展過程中，當社會條件處於傳統的落後狀態時，人們只能選擇「日出而作，日落而息」的生活方式，因爲在人類生存條件都難以滿足的情況下，人們只能不斷地拼搏、奮鬥，所以人們的休閒願望難以眞正實現。休閒在最初階段只是被人們看作是幫助人們恢復到工作狀態的途徑；在漫長的發展演變中，休閒成爲人們提高生活質量，追求自己幸福的必要手段。雖然在休閒的發展過程中出現了很多關於理想追求的概念，可是在如今的社會條件下，休閒只能在生活方式和價值觀念的邊緣徘徊。從人的發展角度來分析，休閒是相對應「勞動」而出現的概念。因此在這樣的條件下，傳統生產狀態下的休閒，不僅沒有非常充分的現實意義，而且不具有現代休閒的普遍意義。休閒同社會上的其他現象一樣，也要建立在一定的社會發展的基礎上，尤其需要建立在社會物質文明發展到一定程度的基礎上。在傳統的手工業時期，人們的社會生產率不高，人們不得不爲了生存而不斷勞動，工作時間相對休閒生活較爲占多，人們從事直接收入

勞動的時間以及社會勞動消耗是決定社會財富生產的兩大因素。在這樣的形勢條件下，人們的存在目的是為了滿足生存需要而不是滿足生活需求。休閒與「勞動」、「節儉」等價值觀念相比，常常處於邊緣化的狀態，甚至被否定，具有一定的必然性和合理性。

在工業化生產逐步確立以及極快的發展條件下，人類逐漸邁進社會財富不斷被創造以及累積的現代化階段。現代化以機械化、城市化和商業化、市場化為要義帶動整個社會實現了革命性的變革，大大提升了人的存在歷史規定性。第一，人類將會脫離最低生活狀態，有機會、有條件自由選擇適合自己的生活方式；第二，由於傳統的社會秩序以及社會等級被打破，一個更加良好、有序的社會關係將會被建立起來，這為人類實現自我完善和自我發展提供了基本條件。〔註13〕為什麼這麼說呢？其緣由可以歸結如次：首先，現代工業文明和科學技術的發展，極大地促進了社會生產力的發展和進步，即使人們減少工作的時間和從事家務勞動的時間，還要具備充足的物質生產的數量和質量，為休閒的實現提供物質保證。另外，人們的生活節奏與之前相比，人大加快，這也是人們休閒需求多元化的產生原因。其次，由於政治民主化的步伐不斷加快，現代社會中的約束逐漸減少，社會生活呈現出多元化發展趨勢，休閒的需求也呈現出個體化、自主化、精神化的發展態勢。再者，隨著社會的發展，人類不斷向著現代化的方向邁進，並且不斷深化對現代化的理解和認識。上個世紀早期，西方國家只重視物質生產的不斷增長，結果對社會產生了嚴重的危害，於是人們開始以審視的態度對待現代化，並在此基礎上提出了發展綜合現代化的基本模式，認為應該確立圍繞的人發展建立起來的社會整體發展戰略。因此，作為人類社會特定發展階段的一種歷史成就，休閒逐漸從邊緣或消極狀態走了出來，在現代社會生活和人們的觀念層面獲得了普遍的現實意義，並顯示出日益中心化的趨勢，這是歷史發展的必然，有很大的合理性。所以，休閒從表面上看是個體的存在；但從根本上說，現代休閒觀反映了現代價值和社會發展的要求，已成為人的本質規定性和現實性的新內容，是現代生產方式所帶來的新的生活方式，揭示人的生存與發展的深遠意義。

作為與勞作並立的休閒活動和休閒需求，是伴隨著人類文明始終的一項

〔註13〕參閱崔偉奇：《現代休閒研究的哲學意蘊》，《中共中央黨校學報》2003 年 5 月。

文明建構和文明創化過程，體現著人類經濟發展、社會進步的要求和人生意義的探尋。休閒，在人類社會文明發展的不同時期有不同的內容和特點。在採集狩獵爲主要特點的原始時代，人類居住謀生的過程非常簡單，勞動和休閒混沌不分，休閒有可能成爲勞動的前奏或結果。在農業和畜牧業爲主的時代，人類通過攫取性經濟過渡到生產經濟，從而促進社會的發展和進步，不斷明析勞動與休閒的邊界和差異。加之隨著私有制的出現，休閒資源、休閒生活在兩大對立階級之間的分配出現不平衡。占星卜筮、琴棋書畫、吟詩作賦、歌舞絲竹、旅射遊歷已成爲文人墨客和統治階級的休閒生活的重要內容，各種社交禮儀、道德教育與學院教育開始興起。然而，休閒的現代形式與內容是工業社會的產物。這是因爲大工業文明及其機械化生產造成的生產力和福利的迅速增加，爲人們獲得更多的閒暇時間提供了物質保證；工業使人們的生活設施逐漸現代化，爲人類休閒生活在一定範圍內超越大自然的節奏周期提供了可靠的技術手段。工業文明帶來了前所未有的社會繁榮和豐富多彩的休閒生活，使休閒成爲現代文明不可分割的一部分。特別是隨著知識經濟時代的到來，人類已經生活在一個建立在知識經濟以及信息基礎上的社會條件中，無論是社會結構，還是人的生活方式發生重大改變。相應地，休閒也不斷以新的內容、新的形式、新的質量標準成爲生活中的新內容。隨著社會的進一步發展，人們用來工作的時間將進一步減少，人類將進入「休閒時代」，休閒將成爲人類生活的重要組成部分。中國是一個發展中國家，雖然距離「閒暇時代」尚有一段距離，但我國目前的社會能夠爲人們的休閒生活提供物質保障，能夠推動休閒的深入發展，促進休閒的質量改進。特別是改革開放以來，中國爲休閒提供了廣闊的空間和更多的休閒時間。隨著我國經濟社會的持續發展和進步，現代化水平的進一步提高，我國也將迎來一個前所未有的「休閒時代」，人們日益豐富的休閒生活將成爲中國公民「中國夢」的有機組成部分。

英國著名哲學家羅素曾經指出，現代化的條件使得休閒的發展能夠朝著文明的方向不斷邁進，很顯然，只有現代社會下的休閒才屬於眞正的休閒。現代社會下的休閒是一種相對自由的生活方式或自由活動，它首先脫離開物質條件以及文化條件所產生的諸多壓力，然後通過自己感興趣的，能夠實現自身價值的方式表現出來，它的實現依靠內心的愛來推動，並爲信仰的產生提供堅實的前提條件。休閒的意義超越了傳統的或常識的「娛樂」的層面，

反映出一種對生命意義的追求，不斷實現自我的人生價值，是一種使人「成為人」的生活態度。如果說歷史上的休閒大多表現爲精英階層包括文人士大夫對生活方式的一種自由選擇權利，那麼現代意義上的休閒則實現了它時間和空間的普遍化和大眾化，是社會各個不同階層對自我生活方式的一種自由選擇權利。這種大眾化、普遍化和社會化意義上的休閒不是一種簡單的生活經歷，它是充滿理想性和創造性的倫理意識和倫理品質。從這一角度來看，休閒倫理不具有存在主義下的個體的存在價值，而且具有社會共同體主義所置重的類存在物存在的普遍意義，是人的個人存在和群類存在意義的價值確證，是人的現代化特徵和全面發展要求的綜合體現。

三、休閒倫理是當代人休閒生活的價值確證

　　健康的休閒娛樂不僅是人之主體性的彰顯，而且是人在繁雜勞累的工作之餘進行陶冶情操、養生養性的重要方式之一。在《康熙字典》與《辭海》裏，「休」即「人依木而休」，這樣人可以充分進行精神之休整與頤養，人與自然渾然而一體，而生命於此刻被賦予眞、善、美的意義。恰如「流水之聲可以養目，青禾綠草可以養目，觀書譯理可以養心；彈琴學字可以養腦，逍遙杖履可以養足，靜坐調息可以養筋骸」之言所揭示的那樣。在中國，無論是儒家還是道家，亦或是釋家，共同的特點之一就是竭力追求「天人合一」的境界，而實現這種追求的重要方式就是休閒。爲此，古人極爲重視休閒尤其是體育休閒的價值：一方面，體育休閒可以強筋骨達到「養生」目的。孔子能夠活到 73 歲，這與其愛好射、奕、登高與郊遊等不無密切聯繫。另一方面，休閒可以養性，莊子言「天地與我並生，萬物與我齊一」，通過「遊山玩水」，人與大自然之親密接觸，從而實現「虛靜」、「坐忘」、「心齋」進而達到「乘雲氣，御飛龍，而遊乎四海之外」的「逍遙遊」式的「天人合一」之境。即使在今天，人們拋掉工作煩惱，尋求與大自然完全融爲一體的那一份寧靜安詳與和諧，仍爲無數人所奢望。孔子提出「坦蕩豁達」、「飲食有節」以及「動靜合時」，對於合理安排人的日常生活，調整人的心態，陶冶性情，不無啓發意義。

　　只有當休閒主體即人具備了健康的先進的休閒倫理觀念，並將其付諸於實際休閒活動的時候，人才能最終維護其主體性地位。例如，隨著技術的不斷進步與網絡的普及，遊樂於網絡已越來越成爲當今社會的主要休閒娛樂方

式。然而，在網絡中，人的主體性價值缺失的現象愈演愈烈，人逐漸被網絡所奴役，進入異化狀態。這是因為，人在作為休閒主體時具有價值選擇方面的非理性和多元性、不定位性和難制約性，易受周圍環境與不良現象的影響。只有通過建立外部的社會約束機制、進行教化，才能推動休閒主體的修養，從而激發內省的行為。

第三節　休閒倫理的內涵和本質特徵

　　真正意義上的休閒總是人們對人生和生命認識的產物，並且成為人生的重要組成部分。休閒與勞作，或者說享受與創造成為生命或人生的兩個重要方面。因此，無論是就休閒與勞作的關係而言，還是就休閒與人生的關係而言，它都是與人的生命意義、生活風範和生活態度聯繫在一起的，是一個包含著某些倫理的因子又需要倫理精神的建構的生命活動。從某種意義上說，休閒需要道德並呼喚道德的支持和保障，並必然形成與之相適應的倫理文化。休閒道德即是人們在休閒活動過程中所必須遵循的道德規範及其內化的道德品質等的總和。休閒倫理則是人們在休閒活動過程中形成的主體與主體、主體與客體甚或客體與客體諸種倫理關係及其對這些倫理關係的維護、評價、保障和由此所形成的倫理文化或風俗習慣。

一、休閒倫理的定義

　　休閒是一種體現人性自由選擇的生活方式，是與勞作相關聯的並作用於人生意義和價值的人生存在樣態，它與實現人的人生價值和人之為人的「價值的永恒性」緊密相連、休戚與共。因此，休閒內含著人的某種價值取向和倫理標準。作為內含著人的某種價值取向和道德標準的生命活動，休閒是一種情感的體驗，它是人類與周圍的休閒環境相融合下的舒適感覺，是人的社會性、生命價值的存在享受。除此之外，休閒倫理的本質與人的本質相聯繫，是人的生命質量和生活方式的表現樣態。所謂休閒倫理就是人們在休閒生活和休閒實踐中應當遵循的基本行為規範及其由此形成的德性品質等的總和，是一個由休閒倫理意識、休閒倫理關係和休閒倫理實踐所組合起來的休閒倫理體系。休閒倫理在實現人的自我價值方面起著重要的作用，休閒倫理就是為了實現人的全面發展和個性的自由，從而達到一種生命與自由的統一。「休閒是人與休閒環境相融合的條件下產生的愉悅感覺，也是人類的精神體驗，

更是人的社會性、生命價值存在的享受」。〔註 14〕休閒指的是人在能夠自由掌控的閒暇時間中，爲了滿足人的多元化需求而表現出來的文化創造、欣賞以及建構的狀態和行爲方式。〔註 15〕休閒作爲一種文化形式，具有文化上的價值。人們在休閒活動中可以促進文化和思想觀念的交流，使得自己在休閒中得到提升；由於休閒具有文化精神上的內涵，它作爲一種生命形式，可以讓人類的心靈得到淨化，實現人類自我的解放和個性的成熟。

二、休閒倫理與勞作倫理的關係

在當代倫理中，休閒倫理是一種新型的存在形式，它不但能夠體現生命的價值，還能有助於生活價值的建構。休閒倫理不簡單等同於單純的娛樂或者遊戲的態度來對待人生，更不是爲了消磨時光，恰恰相反，它是一種享受勞作成果並爲勞作充電和積蓄能量的積極的人生態度，它是一種具有建設性、精神性以及體驗性的人生態度，是證明世俗生活具有精神價值的生命形式，這有利於人們提升生活的品質，加強人在精神世界的追求，獲得更大的精神享受，將生命的樂趣以及生命的情懷增添到世俗生活的行列中。從生命價值的角度來看，我們說勞動是生命的表現形式，人通過勞動的手段來加強對世界的認識，從而從更深層的角度來認識客觀世界，提升在客觀世界中的生存能力，保證人類生活下去，休閒則是生命的另一種表現形式，它與勞動是相對應的關係。〔註 16〕

勞作與休閒同爲人們生命和生活的表現形式，其意義和作用均有相得益彰的地方。如果說勞作能夠爲人類的生存提供基本的保障，能夠爲人類社會的發展提供重要條件，而休閒就是爲社會發展和人類生活中生命意義和自我價值的實現提供良好的精神享受以及價值體驗。勞作與休閒同屬生活的表現形式之一，二者存在密切聯繫，共同構成生命以及生活的整體，勞作和休閒都是生命形式，是實現生命意義，增加人生實踐，創造美好人生的人類智慧的體現。除此之外，它能夠推動社會發展，改善人們的生活質量。

世俗社會下的人們總是忙忙碌碌去追求不切實際的功利價值，卻將人的

〔註 14〕馬惠娣，休閒：人類美麗的精神家園〔M〕，北京：中國經濟出版社，2004：78。

〔註 15〕馬惠娣，休閒：人類美麗的精神家園〔M〕，北京：中國經濟出版社，2004：79。

〔註 16〕參閱黃健：《構建和諧的休閒生活方式》，《杭州日報》2005 年 11 月 14 日。

生命本質放在毫不起眼的角落，中斷對人生價值和辛福生活的探尋，總是有一種傾力於物欲滿足而無法真正享受生活的價值偏好，正所謂「人為財死鳥為食亡」，「雁過留聲，人過留名」等等是也。其實，真正的人生哲學和人生辯證法表明，如果片面追求不切實際的功利價值和有限的實際目的，不重視追求生命的價值，那麼我們的做法通常是重點不突出，，也容易導致如同道家所批判的重物輕生的倫理陷阱。「為名忙，為利忙，忙裏偷閒，且喝一杯茶去」，告誡世人注意必要的勞逸結合，有其自身的合理性。因此，選擇一種健康、積極的休閒方式，脫離物質世界的紛擾，不再被功利所牽絆，反思人生倫理，改善生活品質，實現生活的意義，進而造就一種快樂而幸福的光彩人生。人要在一種沒有憂慮、沒有畏懼的人生環境中，通過和諧、健康的休閒方式，探索愉悅的休閒結果，實現人的全面發展。可見，休閒倫理對於人生有其堪比勞作倫理獨特的意義，幸福的人生其實是勞作倫理與休閒倫理的有機合成。

三、休閒倫理的本質特徵

　　休閒倫理作為當代社會一種新的倫理形態，有著不同於其他倫理形態的本質特徵。

　　第一、休閒倫理為人的本質力量的實現提供了新的發展空間。

　　休閒倫理建立在休閒活動中的理性基礎之上，它與人類社會諸多領域存在密切聯繫，反映出人在自由狀態下的選擇，強調人自我價值的實現，是對生命的本質意義、人性尊嚴和幸福生活的價值肯定。在休閒活動中，人處在神清氣爽、愉悅超然、安靜宜人的理想王國。所以休閒是人類文化所反映的對現實的超越，也是在追求心靈愉悅過程中表現出來的價值精神，它不僅能夠體現人的實踐活動的本質，也能體現人類文化所特有的批判意識，更是對人類生活現狀的實質反映。從這一角度來分析，由於休閒具有強烈的自我批判精神和自我批判功能，它所以能源源不斷地為主體提供前進的動力，在人們的生活中發揮齣目標的作用，進一步為主體的發展以及精神的創新創設必要的環境條件。

　　第二、休閒倫理是人類創造性活動得以滋養萌生的精神沃土。

　　休閒倫理能夠為人的創新性活動提供生長的場所。創新性活動屬於人在自由狀態下的活動，它的實現需要一個自由、輕鬆、舒適的環境。如果沒有

休閒，創新活動就會失去起點。休閒倫理使人根據自己的愛好和興趣規劃學習、工作和生活，做我想做的事，促進人格素質提高，促進人的和諧發展，為人們積極開展創新活動提供思維條件、精神動力。休閒倫理使人擺脫外界的各種壓力，因為只有在一個和諧、放鬆、開放的國家，人的整個身體和心靈，才最有可能產生出現各種新的想法和創意。可以說休閒倫理激發和培育了個體乃至群體的創造可能性，打開了通向「未然」和「應然」的倫理空間，進而彰顯了理想世界的無盡魅力。

第三、休閒倫理的超功利性有助於人性的健康發展和完善。

休閒倫理是不同於工作倫理的，它在本質上是超越狹隘的功利追求，具備超越性，從本質上是為了使人們脫離功利主義，回歸到無限性，為人們在超越性和功利性的差距中搭建一個平衡點。所以，雖然這一特定的社會和歷史時代對人的發展具有一定的制約性，但可是休閒倫理能夠使人擺脫現代社會中功利主義的紛擾，使人能夠最大程度的獲得特定歷史時期與個人資質所允許的發展。在人生的歷程中，如果功利目的性太強或人類活動被其控制，將導致人性偏離正常軌道，發生畸變扭曲，阻礙了創新精神的形成。由於社會歷史條件的制約作用，人類在相當長的時期之內無法實現一定水平的休閒，人類難以提高生活品質。這主要分為兩種原因：第一，人類生活難以徹底脫離功利主義的制約；第二，通常情況下，休閒被看做是為了快速恢復勞動體力而進行的一種活動，只是人類為了實現一定的目的而採取的手段之一，因此休閒活動被大大消減，人們不能正確認識休閒的價值功能。為了消除這一現狀，充分發揮休閒的價值功能，所以研究休閒倫理顯然非常重要非常迫切。

四、休閒倫理教育是健康休閒的內在要求

休閒倫理教育旨在讓學習者通過利用閒暇時間而獲得某種道德心理、道德情感和道德意志的變化，進而形成有助於個體人格完善的道德品質。休閒倫理教育通過提高自身素質達到提高閒暇生活質量的目標實現，其主要目的是為了進一步豐富人們的生活，提高人們的生活品質。休閒倫理教育的終極目標是提高人們的休閒生活品質。所以，開展休閒倫理教育充分顯示社會的進步，它是評價社會文明發展水平的標準，提升人們生活品質的教育。加強休閒教育能夠充分體現「教育改變社會」的觀念，也符合「教育帶給人更美

好的生活」的觀點，適應中國當前的教育目的。它將人的價值以及人的主體性放在突出的位置，看到了人的尊嚴，遵循體力和智力一併發展的教育規律。因此，積極開展休閒倫理教育，對於個人形成科學、文明、健康的生活方式具有非常重大的時代意義。

休閒倫理教育的發展必須關注人的生活世界。生活世界是五顏六色的，它體現人生價值，且含有不同的精神意義。儘管它不像那些經過專家學者整理歸納過的規律和真理那樣簡潔、明晰，甚至在表現形式上似乎帶有瑣碎、世俗的色彩，可是人類所有的智慧以及人類價值全部蘊含其中，人們通過體驗生活、品味生活、思考生活，探尋生活的樂趣以及生活的價值，為創新精神的培養創設必要的前提條件。很明顯，我們不能憑藉自己的想像來構建科學世界，科學世界的建構必須立足於生活時間，因此人的發展一定要建立在生活世界的基礎之上，它必須借助於生活所提供的物質條件。生活世界的深度和廣度、休閒倫理教育程度以及人們對生活的理解程度都能夠決定生命個體的創新水平。如果人以熱愛的態度去關注生活世界，就會與周圍的事物建立起更緊密的聯繫，充分接觸身邊的各種活動，就會體驗到所蘊含的文化價值，從而產生對將來生活的美好嚮往之情，即人類只有充分關注生活才能有機會實現休閒，也只有更加重視休閒價值才能更充分的顯示休閒的倫理價值。

加強休閒倫理教育必須充分發揮人的實踐能力和創新性。休閒倫理教育的主要特點是發展性，它從人類具有無限潛能的可能性出發，通過培養人的內在品質，充分挖掘人的身體潛能和心理潛能，這樣才能在愉悅的心理狀態中實現個人精神力量的轉化。教育倫理觀念認為，人具有無限的創造力，創造是人永遠不變的精神活動，儘管創造活動來源於人的生活，但它不是憑空出現的，而是在多姿多彩的現實世界中被充分挖掘出來的。培養人的創新精神要以休閒倫理教育中的「剛」與「柔」或者「鬆」與「緊」的結合為基礎，為人的創造性活動提供休閒時間，並在享受休閒時光中產生創造性的衝動與激情。休閒倫理教育不特使人感受到休閒的意義和價值，而且使人在放鬆身心的過程中體驗到內在的人生樂趣，煥發出生命的創造激情，以開拓更加豐富多彩的人生畫面和空間，創造屬於自己的幸福生活。

第二章　休閒倫理思想資源

　　人類的休閒倫理學至今還處在孕育與發展過程中，但是人類休閒倫理思想資源卻是源遠流長、豐厚精湛的。發掘並繼承中西方休閒倫理思想資源，對於我們建設當代休閒倫理學學科或理論體系，無疑是一件十分重要且非常迫切的工作。因爲任何一門倫理學學科體系的建立，總是在對既有思想認識基礎上的總結和對當下時代倫理需要把握的產物。

第一節　西方休閒倫理思想

　　在幾千年來的西方文明發展過程中，西方的休閒倫理思想有著悠久的發展歷史，不同時代和文化背景的學者從各自的研究視域對休閒倫理道德問題進行了深刻的研究。休閒倫理思想就是通過對休閒活動與人們的生活和生命活動的思考來關注人類文明的發展趨勢。自「休閒學之父」亞里士多德開始的西方休閒研究在其發展過程之後，很多西方學者關注對休閒倫理問題的理論探討，形成了豐富而深刻的休閒倫理思想。

一、古希臘羅馬時期的休閒倫理思想

　　古希臘羅馬時期被認爲是西方休閒倫理初露端倪和初步形成時期。公元前 3 世紀，被國內外學術界公認爲是第一個對休閒問題進行系統研究的學者的古希臘著名的哲學家亞里士多德，有關休閒問題的理論觀點在其著作中多次被提及。被西方奉爲「休閒之父」的亞里士多德是對他同時代的思想和理論知識綜合整理以及系統性歸納，並較爲全面地將休閒以及與休閒有關的快

樂、美德、健康、幸福等問題結合在一起，並進行系統性研究的思想家，他的休閒思想可稱之爲「古典——標準的休閒倫理思想」。

亞里士多德在《政治學》中曾說：「幸福存在於閒暇之中，閒暇是全部人生的惟一本原，人的自然本性所追求的不是具備勞作的能力，而是能夠怡然享受休閒」。〔註 1〕這也在一定程度上說明閒暇與幸福之間的密切關係。在他的著作《尼各馬可倫理學》中，他還把美德與快樂和幸福之間聯繫起來。他認爲，美德是讓人愉快的，因爲美德是高尚和善的。美德本身才是愉快的眞正源泉。在他的眼裏，幸福是具有持續性的。因此，我們可以發現，亞里士多德用一種不同於我們談論的「空閒時間」的方式來闡述休閒的。所謂的一點短暫的空閒時間是不能帶來眞正意義上的幸福。亞里士多德認爲，奴隸從事如食品、房屋、衣服等物質生產勞動，而休閒只有有權階級享受。休閒優越於勞動，只有有公民權的人才能終身享受休閒，休閒是終身的，不是一個短暫的期間。

同時，他還注意到，自願和非自願的行爲之間存在著區別。如果一種好的行爲是你被迫去做的，那麼，這是一種迫不得已的行爲，其中就不存在美德和幸福的。因此，在休閒中，「自由選擇」是至關重要的。因爲它使得美德成爲可能，也使得倖福成爲可能。

直到古希臘晚期，亞里士多德提出並系統論證的休閒倫理思想表現出新的特徵。德國哲學家史家文德爾班在《哲學史教程》這部著作中概括出希臘晚期哲學的特徵，「自亞里士多德之後，哲學在一定程度上繼承了倫理學的某些特徵，這主要表現在：在這個只懂得不加變動的繼承而沒有絲毫創造力的歷史時期下，個體倫理學成爲研究的中心」。〔註 2〕個體倫理學的逐漸發展壯大，在一定程度上推動了強調人性和自然的休閒倫理的發展，而休閒學和休閒倫理學也因此成爲眾多研究學者爭相關注的對象。伊壁鳩魯學派認爲，人類要向著對美好生活的追求方向發展，人一定要在生活實踐中充分體驗感官的愉快，人一旦能夠避免痛苦、煩惱以及驚懼，人就會獲得眞正的幸福，他認爲人們應該脫離公共生活的羈絆。皮浪是懷疑學派的代表人物，他對城邦

〔註 1〕 （古希臘）亞里士多德，政治學〔M〕，北京：中國人民大學出版社，2003：
　　　　 269。

〔註 2〕 （德）文德爾班：《哲學史教程》上卷，羅達仁譯，北京：商務印書館 1987
　　　　 年版，第 221 頁。

倫理的絕對化持反對觀點，他提出「懸隔判斷」的說法，認爲人們不應該對之前的價值觀念懷有虔誠的態度，人的價值判斷不能被外界因素所左右。犬儒學派的觀點是一定要順應自然發展，爲個人提供自由的空間，這才是最簡單而又最幸福的生活方式，人應該立足於自身的實際需要去建構適合自己的生活價值。〔註3〕希臘化時期的三大倫理學派別均有對個人生命價值的推崇、對自然人性的張揚，對個體幸福生活的自主選擇，並認爲「對生活中美好事物的正確欣賞是人生的目的」，〔註4〕這些觀點處於希臘晚期休閒倫理思想中最關鍵的地位，標誌著希臘晚期休閒倫理思想上陞到一個新的臺階。

二、中世紀時代的休閒倫理思想

　　古代希臘和羅馬滅亡後，歐洲進入「中世紀」時期，基督教成爲人們的主導思想，影響到人們生活的各個領域。基督教在早期階段被認爲體力勞動等同於腦力勞動，都使人在一定程度上降低了對他人的依賴性。儘管基督教中認爲勞動是上帝對人前世所犯之罪的懲罰，可是勞動也開始帶有一些積極色彩，如基督教徒認爲財富是爲生活不幸的人提供一個可以分享的機會，因此他們普遍能接受能爲自己、爲社會創造出財富的勞動。〔註5〕在漫長的歐洲中世紀，天主教會控制著大部分休閒活動。基督教會有關於「禮拜日」的規定分離了日常生活與休閒活動這兩種不同的活動。

　　在中世紀時期，基督教在很多活動中影響著人們的思想。這個時期的西方人把祈求拯救的冥想當做休閒的最高境界。中世紀基督教大師、教父奧古斯丁和本尼迪克特的宗教觀念中所提倡的勞動至上的觀點深刻地影響了當時人們的休閒觀念。他們認爲，勞動是神聖的，休閒是庸俗的，休閒活動更多的賦予了宗教色彩；同時，休閒也存在特權化的傾向。因此，中世紀是以「宗教──個人」中心型爲體系的休閒思想，完全與古希臘羅馬時期的集體休閒思想是不同的，它要求休閒活動必須與宗教的秩序相符合。不過，在中世紀雖是以封建地主生產關係爲主導，但後來商人和手工業者的大量出現，並逐

〔註3〕　參閱劉慧梅、張彥：《西方休閒倫理的歷史演變》，《自然辯證法研究》2006年4月。
〔註4〕　（德）文德爾班：《哲學史教程》上卷，羅達仁譯，北京：商務印書館 1987年版，第222頁。
〔註5〕　參閱劉慧梅、張彥：《西方休閒倫理的歷史演變》，《自然辯證法研究》2006年4月。

漸成為早期的城市市民。他們掌握了大量的財富並也很渴望追求現實的安樂生活，成為中世紀的另一個社會特徵。

中世紀晚期爆發了宗教改革運動。宗教改革時期兩位傑出領導人物馬丁·路德和約翰·加爾文提出天職觀念和在世俗勞作中為上帝增加榮耀等觀點，使勞作倫理獲得了普遍的社會認同，休閒倫理相比受到冷遇。馬丁·路德進意圖突出了勞動的真正意義和價值，他的觀點是，人們可以利用工作來表達對上帝的恭敬，工作的差異是社會出現不同階層的主要因素，每一個人都應該盡自己最大努力做好工作，這樣才能為上帝所讚揚。加爾文在借鑒馬丁·路德的某些觀點基礎上，為工作增添了一些新的內容，他認為應該詛咒那些懶惰的人，每一個人都應該用心工作，只有踏實工作，不斷上進才有可能得到上帝的青睞，使人成為被上帝選中的人。韋伯把加爾文宗所宣稱的天職觀念和敬業精神稱之為「資本主義精神」，認為經由加爾文宗的努力使得勞動和工作的價值得到高度強化，人們不但認可了勞作，甚至認可了勞作帶來的金錢和財富。從宗教改革到工業革命，休閒一直在西方國家中處於非正常的地位，他們認為休閒等同於遊手好閒，是在浪費時間，這是一種「罪惡」，是絕對不被允許出現的，所以休閒觀念被西方國家所拋棄，而休閒倫理也直接被勞作倫理所替代，日趨邊緣化並受到詬病。

三、近代工業文明時期的休閒倫理思想

發展到近代資本主義社會，社會工業化程度大幅提升，人們開始強烈批判亞里士多德提倡的休閒倫理觀。人們普遍認為工作能夠為自己帶來財富，能夠使自己更好地生存下去，並把獲取利益和金錢看做是人生有價值的象徵。人的生命價值被金錢所裹挾，進而成為金錢的附屬物。利己主義、拜金主義、功利主義、實用主義成為人們人生的信條，人的勞動乃至人的價值都發生了嚴重的異化。隨著科技水平的進一步提升，機器在社會化生產中佔據著越來越重要的地位，而人也逐漸淪落為生產過程中正在運行的機器上的某一個零件。這不但嚴重損害了工作於休閒之間的平衡，還使人們陷入深深的壓抑、匆忙和痛苦之中，使人對人生目的產生了深深的懷疑。

托斯坦·凡勃倫於 1899 年發表的《有閒階級論》標誌著現代休閒學的產生。作為 20 世紀初美國著名的經濟學家，他從經濟學的角度來全面分析了當時還存有一定爭議的「有閒階級」的社會地位和生活價值，使得現代休閒社會

科學在很大程度上受到他的影響。在他的這本著作中，它詳細描述了 19 世紀後期富裕的「有閒階級」娛樂的社會生活，分析了閒暇時間、休閒與消費等關係。他在《有閒階級論》一書中指出：「所有的商品消費和休閒行為都是企圖給他人留下深刻的印象，並使自己與普通人區別開來。」〔註6〕如今生產與消費兩者之間已經失去了平衡，人們往往把休閒與過度性消費聯繫在一起，認為休閒其實是時間的一種非生產性消費，是建立在非生產性的勞動的基礎上的，尋求對物質財富的炫耀性消費和貪圖享受安樂生活的方式。由於他們對休閒的利用並不是為了促進自我完善和社會文明的進步，而只是僅僅是對休閒時間的利用以取得自己的社會象徵地位而已。這樣，休閒就成為剝削階層或者有閒階級的特權，成為一種階級社會地位的象徵。他的這種「休閒社會階層」的劃分思想意義重大，對後來哲學和社會心理學等學科有很大的影響。他在著作中第一次提出的有關休閒階層的「炫耀性消費」概念，並在他的著作中嚴屬地批判了這種奢侈性休閒消費，揭露了有閒階級及其消費方式的腐朽性。他的這一休閒思想，一致被認為是奠定近代休閒科學理論基礎的核心。

四、現代西方休閒倫理思想

西方休閒倫理思想在發展過程中出現了新的含義，被賦予一定的時代色彩，被人們重新認識，獲得了人們的重視。一批對近代生產方式和文明樣式持批判態度的哲學家和倫理學家們，在彰顯休閒倫理的過程中發揮了巨大作用。

西方社會對物質利益的追求近乎一種狂熱的態度，他們猶如被時間和速度緊緊地拴住，一刻不停的向前，淹沒在各種欲望之中，而人的休閒則處於被忽視的地位。消費主義被放於中心地位，人對自由的追求不復存在，人們對自由時間的消費被認為是浪費時間，人的自我實現似乎只能通過消費來完成。人們不斷膨脹的物質欲望以及對消費的狂熱追求使人的自然本性受到極大的壓制，而休閒也被錯誤地理解為對感官的滿足。這樣的道德取向使人的全面性和自然性處於極度壓抑之中。在這樣的形勢條件下，哲學家展開了強烈的批判活動。〔註7〕海德格爾、馬爾庫塞、哈貝馬斯等人對此作出尖銳的抨擊和批判。

〔註6〕〔美〕傑弗瑞，戈比等，人類思想中的休閒〔M〕，昆明：雲南人民出版社，
　　　　2000：112。

〔註7〕參閱劉慧梅、張彥：《西方休閒倫理的歷史演變》，《自然辯證法研究》2006
　　　　年4月。

20 世紀 60 年代初，瑞典天主教哲學家皮普爾繼承和發展了亞里士多德的休閒思想。他在 1963 年出版了一部西方休閒學研究的經典著作《休閒：文化的基礎》。他在該書中詳細研究並闡述了宗教與文化的相互關係，關注神聖慶典時的休閒思想。他認為，如果沒有宗教，文化就不可能隨之產生，西方的傳統文化都是在宗教的基礎上產生的。在這種基礎上，通過神聖慶典，休閒與文化兩者就緊密聯繫在一起。皮普爾在對休閒與文化的理解在他的序言中寫到：文化的真實存在依賴於休閒，反過來，如果不同祭禮、神聖的禮拜有一個長久的活生生的聯繫，休閒也不可能存在。……文化是世界上所有事物的精華，也是人類所有的、超出直接需要和滿足的那些天賦和品質的精華。在這個意義來說，這些東西都是好的，所有人的天賦和才能不必非得用於實際性用途不可……皮普爾提醒說，我們總是喜歡把宗教或宗教組織與祭禮聯繫到一起，卻很少將具有宗教涵義的「文化」這個詞語與宗教聯繫在一塊。他詳細的闡述了休閒作為文化基礎的價值和現實意義，指出：「休閒不是外部環境因素作用的產物，也不等同於遊手好閒和無所事事，更不是對空閒時間的浪費，它反映出人的思想或人的精神態度。」〔註8〕在此，皮普爾闡明了休閒的基本特徵，即是從容的納取和接受。首先，休閒是一種理智和精神的態度，表現為一種靜觀、安寧和內在平靜的狀態；其次，休閒是一種冥想和沉思的狀態，是人們肯定上帝的勞動和自己的勞動的需要，表明自己有機會和有能力去參與創造的過程；最後，休閒與「文化」有直接的聯繫，那麼它與能動的努力就是相反的，也就是與作為社會責任的勞動是相對立的。休閒是按照人們內在衝動的愛來為一個行動所作出的反映，主要是因為平和的心態使人體驗到生命的愉悅。如果不這樣，人們將會逐漸走向自我毀滅。

在現代的西方社會，人們的工作機會和工作時間正在逐漸減少，而對休閒的關注卻日益增加，以此來獲得個性的解放，實現自我。所以，近年來嚴肅休閒就是為了幫助可以提供這些機會的主要路徑，而被提出來的新理論和新思想。儘管很多休閒學者在業餘活動、愛好追求、職業性志願行為等方面進行了一些研究，但相關的系統研究還為數不多。在這種情況下，羅伯特.斯特賓斯等人就提出，目前數據的缺乏使得對嚴肅休閒的科學定義顯得既不可能也不可取。因此，我們只有對嚴肅休閒的一些分類進行了系統性的研究之

〔註 8〕 〔美〕傑弗瑞，戈比等，人類思想中的休閒〔M〕，昆明：雲南人民出版社，2000：70。

後，必須對其作出一個合理而明確的定義，這對未來社會的發展具有很重要的價值和現實意義。

在他們目前已提出的嚴肅休閒思想的內容中，我們可以看出，這種休閒與那種隨意性的休閒或者不嚴肅的休閒是截然不同的，而且與工作也是有明顯差別的。羅伯特.斯特賓斯等人認為，嚴肅休閒與其他活動相比，其主要特徵表現在以下幾個方面：一是要長期的堅持不懈。休閒參與者要對其自己感興趣的活動要長期堅持下來。嚴肅休閒的參與者偶而會受到恐嚇和疲勞等不應的境況，然而快樂也往往源於此。因為休閒者傾向於他們自己的努力當做自己的一項長期性職業來看待的，而且往往對這項活動抱有堅定的信念和克服的勇氣，最終會使他們獲得快樂和釋放等美妙的感覺。二是需要具備這種休閒活動相關的知識、技能和特殊的精神氣質。嚴肅休閒者在某些方面具備特定的知識、技巧和精神素養。這些要求把業餘者、愛好者與一般的休閒者明顯區別開來。三是通過嚴肅休閒可以獲得持久性的益處。參與者通過在嚴肅休閒的過程中可以實現自我，促進個人的整體性體質發展等諸多益處，不過，這種產生的的持續性時間可能較長也可能較短。四是參與嚴肅休閒必須要有強烈的興趣愛好。由於前面三個特徵，這就直接導致了其第四個特徵：嚴肅休閒者對他們自己選擇的追求表現出強烈的喜好。他們與其他人交談時往往顯得興奮和自信，喜歡在他人面前表現自我。而對業餘活動者和一般的職業志願者的調查研究則表明，他們是有時意識到自己與他人交談時情緒顯得較為激動。

從以上四個特徵看來，羅伯特.斯特賓斯等人提出的嚴肅休閒思想對於許多追求生命意義的人來說，具有重要的指導意義。在今後的社會，嚴肅休閒思想將會讓人們在一個美好的休閒活動中有道德地和高尚地成長，充滿生命價值意義，讓休閒成為我們人類美麗的精神家園。

第二節　中國傳統休閒倫理思想

自文明產生以來，我國的歷史上就存在休閒活動。幾千年來，從帝王到普通老百姓等以自己的獨特方式來實現閒適恬淡、自在自適和修身養性的休閒方式。在中國的傳統休閒倫理文化中，休閒以及休閒倫理有著極為豐富的內涵，在我國古代就有相關的對休閒倫理的研究，雖然並不專業，但在其字

裏行間閃爍著中國的傳統休閒倫理的精髓。在我國傳統思想文化中，蘊藏著豐富的休閒文化和休閒倫理思想，在中國的傳統思想文化中也有著悠久的歷史。可以從我國傳統思想文化的寶庫中找到十分豐富的休閒倫理思想記載，休閒倫理思想是我國傳統文化中的一個獨具特色的重要部分。

一、先秦時期的休閒倫理思想

傳誦至今的《詩經》就是我國古代突出體現中國傳統休閒倫理的作品。它其中很多詩歌都反映了那個時期的人們休閒倫理。如《商頌‧長發》中的「何天之休，不競不絿，不剛不柔，敷政憂憂，百祿是遒」。這句詩詞反映了殷商帝王祈求國家吉慶、美善和福祿的一種休閒倫理思想。《周易》作為中國古代的一部經典哲學著作，其中的思想極為深厚。它其中也包含著一些古樸的休閒倫理，如「不事王侯，高尚其事」，就集中體現了它的隱逸休閒倫理思想，表達了一種追求人與自然的和諧。孔子作為休閒倫理的創始人，其核心思想集中於「仁學」的休閒倫理思想。他的休閒倫理的傑出代表著作就是《論語》一書，該書很多內容涉及到休閒倫理方面，像《論語‧先進》、《論語‧為政》《論語‧子罕》、《論語‧子張》等篇章。其中「大德不逾閒，小德出入可也」，反映出休閒應該有倫理道德的約束之涵義。「智者樂水、仁者樂山」更彰顯出休閒的精神意義和道德價值。儒家的另一本經典著作《禮記》集中反映了中國人獨特的倫理修身精神。如其中的《禮記‧雜記下》和《禮記‧中庸》就各自表達了中國傳統休閒文化中的思辨精神和慎獨道德的思想。

儒家的休閒倫理最基本的內容是「成己成人」，其追求的終極目標仍然是生活上的完滿與幸福。從孔孟的休閒倫理思想中可以看出，休閒的目的是在休閒活動中實現自己的道德性，從中得到真正的精神享受。以孔子、孟子等儒家代表人物的儒家思想是中國傳統思想文化的核心，是我國思想文化庫中的寶貴資源。儒家是以「中庸」核心的，中庸思想就是儒家思想的精華。《中庸》裏講到：「致中和，天地位焉，萬物育焉。」〔註9〕所謂「致中和」，從休閒倫理的角度意義上講，就是人在休閒的過程中達到人與物、人與人、神與心的和諧統一。這就是儒家休閒思想中的理想境界或者最高境界，儒家的這種休閒方式不僅要求完善自我的道德修養，更加追求實現人類社會的和諧境界。儒家的休閒倫理重視內在德性的愉悅，反映出對休閒德性的重視和休閒

〔註9〕方向東，《大學》、《中庸》注評〔M〕，江蘇：鳳凰出版社，2006：92。

人格的注重，本質上是一種德性主義的休閒倫理觀。

　　以老莊代表人物的道家休閒倫理思想不同於儒家學派，它充分表達了一種對閒適和精神自由的追求，反映了古代人渴望追求一種精神自由的狀態。老子《道德經》中的核心休閒倫理思想就是老子的「自然無為」休閒倫理觀。如第25章指出：「人法地，地法天，天法道，道法自然。」這充分體現了老子重在精神追求和復歸於樸的休閒倫理。在《道德經》中，老子提出了「自然無為」，也就是我們熟知的「無為而無不為」。他的這種「無為而無不為」的休閒思想闡述了人與自然的和諧相處的道理，要求人們回歸自然，尋回本真。一個人活在世上，要活得悠閒自在，淡泊名利，寧靜致遠，讓人的心性處在一個悠然閒適的境界中。同時，他認為，人應該「致虛極，守靜篤」。〔註10〕這表明注重在個性獨立和精神自由的追求生存的理想境界是老子獨特的休閒思想寫照。老子還提出了「復歸自然」的道家休閒倫理思想。在老子的「復歸自然」的休閒倫理思想裏，它既反映了人類要尊重自然、善待自然與自然和諧相處；同時，也反映了人類要返璞歸真，復歸自然，要到達人類休閒倫理道德的原始的本然的生活方式或者理想境界。老子曰：「人法地，地法天，天法道，道法自然。」〔註11〕因此，人既要按照大自然的規律去適應新的休閒生活方式，也就是做到天人合一；又要尋找到道法自然的本質，能夠做到從自然的本身出發，復歸屬於人類心靈歸宿的精神家園，從而真正實現人與自然和諧相處。

　　莊子是道家休閒倫理思想的另一個傑出代表。莊子把道家的休閒倫理思想展現的淋漓盡致。他的著作《莊子》中的《逍遙遊》、《齊物論》、《刻意》、《秋水》等一系列作品襯托了他的超世「遊心」的自由境界，也就是所謂的莊子的休閒倫理觀──「莊子精神」。《莊子》這部著作可以說是道家的休閒思想中的一部比較經典的論述著作。與老子相比，莊子的休閒思想是「逍遙自在而超世」。這可以在他的《逍遙遊》一文中看出道家的那種超世的自由精神。「逍遙遊」集中反映了莊子的人生理想，表現出他的一種追求自由的精神狀態。人若在這種逍遙自在的悠閒狀態，以一種超世之遊面對自己所處的這個社會生活狀態，也就是能夠擺脫社會世俗的倫理、功名利祿等一切社會現實。莊子的這種「逍遙自在」休閒思想，實際上已成為內心自由和灑脫的精神境界，也能夠喚醒人們在休閒的過程中昇華自己的思想。

〔註10〕老子，道德經〔M〕，北京：中國長安出版社，2007：61。
〔註11〕老子，道德經〔M〕，北京：中國長安出版社，2007：96。

此外，墨家、法家、縱橫家、農家也有自己關於休閒倫理思想的論述，他們一併成為先秦休閒倫理思想的重要構成。

二、秦漢至隋時期的休閒倫理思想

由於秦朝滅亡的教訓，兩漢特別推崇董仲舒提出的「獨尊儒術」的倫理思想，他的倫理思想是以「天人合一」為理論基礎的。流傳至今的著作主要有《舉賢良對策》和《春秋繁露》。董仲舒在他的著作《舉賢良對策》中就明確指出：「道之大原出於天。天不變，道亦不變。」〔註12〕他的「道之大原」這一概念在中國的休閒倫理思想史上還是第一次。董仲舒提出的「天」實際上是對自然的天的擬人化和神化。而倫理化就是其擬人化的主要表現。這樣，「天」就成為至善的道德化身，再通過「天人合一」的邏輯環節，實現了由「天道」到「人道」的轉變。於是，董仲舒就完成了天人感應式的宇宙模式，構造了一個天與人、自然與社會以及身體和精神作為和諧統一的有機生命體系。他的「天人合一」對當時以及後代人們的休閒倫理觀影響甚大。

魏晉時期的休閒倫理思想深受道家的休閒倫理思想影響。這時期的隱逸休閒倫理成為主要特徵。如以劉伶為代表的遊酒式的休閒倫理觀、以嵇康為代表的山水式休閒倫理觀、以陶淵明為代表的田園式休閒倫理觀。劉伶的作品《酒歌頌》就集中反映了把遊酒當做休閒以解放自己，從而獲得精神和生命的自由，成為他們的一種生活方式。嵇康的休閒倫理成果較為顯著，他的山水式休閒文化著作主要集中在他的文學作品中，如《與山巨源絕交書》、《難自然好學論》、《釋私論》、《養生論》等，集中體現了他的休閒倫理思想。陶淵明是這個時期的休閒倫理成果的集大成者。他的休閒倫理成果頗為豐富，主要有《桃花源記》、《飲酒》、《歸去來兮辭》、《歸園田居》等作品，這些都反映了他的自由閒適、歸隱田園和獨善其身的休閒倫理思想。

三、唐宋元時期的休閒倫理思想

唐宋元時期是中國的封建社會發展的成熟時期。唐宋元的經濟、文化等非常發達。在此基礎上營造了良好的休閒生活氛圍，休閒文化以及休閒倫理思想也因此獲得了長足的發展。這一時期的涉及休閒倫理著作主要是唐宋詩詞和元曲。

〔註12〕朱貽庭，中國傳統倫理思想史〔M〕，上海：華東師範大學出版社，1994：203。

　　唐朝是一個開放的朝代，文化上實行海納百川，兼容並蓄的政策。這個時期的休閒倫理文化呈現出繁榮的景象。如王維的著作有《王摩詰文集》，其中的《渭川田家》、《輞川集序》《新晴野望》、《酬張少府》等，集中反映了王維的閒遠清幽的生活理想。一生閒適漫遊的李白創作的有關休閒生活和文化的作品集中在他的著作《李太白集》，其中《夢遊天姥吟留別》、《望廬山瀑布》、《廬山謠》比較系統地體現了他的休閒倫理思想。雖然飽受顛沛流離的杜甫在詩歌中也創作了一些閒適之作。他的著作有《杜工部集》，在其中的主要詩歌有《堂成》、《客至》、《江村》、《西郊》、《田舍》、《高楠》、《絕句漫興九首》、《水檻遣心》、《獨酌》、《徐步》、《晚晴》等。唐代白居易的閒適詩作品極為豐富，白居易的著作有《白氏長慶集》，代表詩作主要有《晚秋閒居》、《和鄭方及第後洛下閒居》、《留玉泉寺》、《歸田三首》、《遊悟眞寺詩》、《昭國閒居》、《勉閒遊》等等。

　　宋代在唐代的基礎上，其封建經濟、文化得到了進一步的發展。這一時期理學倫理思想的興起，人們的休閒文化思想受到理學的影響甚大。如理學倫理思想的奠基人程頤建立以理為本、天人一理的唯心主義理學的思想體系，他的一些有關休閒與修身為一體等休閒倫理的內容在他的著作《程氏遺書》中可以得到很好的反映。朱熹是宋代的理學倫理思想的集大成者，他在休閒方面的倫理思想也有一些獨特的見解。他的研究倫理學方面的著作甚多，主要有《四書章句集注》、《朱子文集》等，其中在《答張敬夫》篇中集中探討了休閒與獨居的關係，並要求我們應該要有休閒倫理道德，力求做到在休閒生活中有慎獨倫理道德。周密的休閒倫理思想是「天人合一」、「適情任性」以及「體靜心閒」，這在他的著作《齊東野語》、《浩然齋雅談》、《澄懷錄》等都有所體現。

　　元代對唐宋休閒文化多有繼承。元曲中包含有大量論及休閒生活和休閒倫理的內容。元曲包括雜劇、散曲兩部分。雜劇作為一種戲劇形式，除了曲辭外，還有故事情節、賓白、科介。散曲則是一種可以配樂演唱的歌曲。元散曲的表演，根據《青樓集》的記載，形式多種多樣，可以一手持花、一手舉杯而歌，可以有舞蹈伴唱。關漢卿、王實甫、馬致遠等創作出了如《西廂記》《單刀會》等優秀雜劇。意大利旅行家馬可波羅來到中國，寫出了《馬可波羅行記》，向世界介紹和傳播了元代的休閒文化及其倫理思想。

四、明清時期的休閒倫理思想

明清時期的休閒倫理思想也進入中國傳統休閒倫理思想的批判總結階段。這一時期的休閒文化相對較爲成熟，出現一些涉及休閒倫理的啓蒙著作。如明代陳繼儒的著作《小窗幽記》、洪應明的休閒倫理啓蒙書籍《菜根譚》、袁宏道的《德山塵譚》和《敘小修詩》、李贄的《童心說》和高濂的作品《遵生八箋》；清代的張潮《幽夢影》、李漁的休閒學傑出代表作《閒情偶寄》和石成金的著作《傳家寶》等等。

中國休閒倫理思想文化源遠流長，歷史悠久，給我們留下了寶貴的精神文化遺產。然而，在今天的在改革和開放的浪潮中，人們的倫理價值觀念越來越受到市場經濟的猛烈衝擊，人們的一些享樂和拜金等腐朽觀念隨之產生。在這樣的情況下，一些中國傳統文化研究學者強烈呼籲要進行歷史的反思，繼承和弘揚中國的優秀傳統休閒倫理思想文化。

第三節　馬克思主義休閒倫理思想

馬克思的休閒倫理思想是馬克思主義的重要組成部分，但是有關他的休閒倫理思想在我國卻很少引起人們的重視，國內學者研究往往側重在生產力與生產關係的學說以及科學社會主義革命等內容。整體考察馬克思的思想，我們不難發現，馬克思更加關注人和人的解放問題，他所描述的理想社會是人的全面自由發展的社會，使人從繁重的勞作中解放出來是馬克思休閒倫理的重要內容。

一、人的自由時間是休閒的載體

馬克思的自由時間思想實質上就是人的休閒，而在《剩餘價值理論》草稿中指出的可以自由支配的時間就是休閒時間。休閒時間就是馬克思所說的可自由支配的時間，也就是在生產勞動以外的閒暇時間。在《1857～1858 年經濟學手稿》一書中，馬克思指出：「創造出可以自由支配的時間是財富發展的基礎，創造可以自由支配的時間，也就是創造產生科學、藝術等等的時間。」〔註 13〕馬克思的自由時間可以劃分爲以下兩種：一是指發展智力、從事精神勞動創造的時間；二是指用於休息和娛樂等一般性活動的自由時間。從馬克

〔註13〕馬克思恩格斯全集〔M〕，第 46 卷，北京：人民出版社，1979：381。

思對自由時間的區分來看，可自由支配的自由時間的增加為人的全面自由發展提供了種種機會，我們可以看出個人有了充裕的自由時間與個人在藝術、科學、文化、交際方式等方面獲得發展的關係。這表明人一旦有了可自由支配的自由時間，才有機會進行休閒的可能性，從而能夠進一步實現對人的發展。

二、休閒是人的本質需要

　　馬克思主義認為，人之精神生活不僅應該加以肯定，而且更應該給予重視。休閒是人的本質需要，是人與生俱來的權利。馬克思主義在考察資本主義社會的經濟政治狀況後得出了人被異化的結論，認為，資本主義社會中人類雖然解除了奴隸社會與封建社會中人依附於人的怪狀，但是進入到了一個更大的怪圈：在資本主義經濟與民主制度迅速發展之時，物對人的統治最終取代了人對人的統治，在拜金主義、個人主義、功利主義以及技術主義等各種思想的支配下，人失去了其本性而走向異化狀態，休閒的異化也不可避免。為了解除人之異化狀態，並使休閒獲得其本質的存在，必須建設理想的共產主義社會。在共產主義社會，人擁有最廣泛的自由，勞動不再是一種生存手段與機械化的操作，而是人之興趣所在；人與人之間不再互為競爭對手，而是團結合作的同志關係。這樣，在共產主義社會，人最終實現了自由全面發展。

三、休閒與人的全面發展

　　馬克思主義理論體系的核心價值是追求並實現人的自由全面發展。在馬克思的著作中，對於休閒是用兩種不同的方式來表達的。第一是直陳的方式。馬克思在《1884年經濟學哲學手稿》中批評古典政治經濟學時指出：「國民經濟學不考察不勞動時的工人，不把工人作為人來考察。」他開始關注「不勞動時的工人」的生活意義。而在後來的剩餘價值體系中，對必要勞動時間與剩餘勞動時間的區分，為休閒概念與勞動概念的貫通進行了理論上的完善。第二是馬克思理論邏輯體系隱喻的方式。比如「聯合勞動」、「剩餘勞動」等，雖然直接講勞動，卻內含著休閒的意蘊。又如，人的本質是一切社會關係的總和，同樣蘊含著關於個人的自由全面發展以勞動生活和休閒生活作為雙重現實生活基礎的邏輯意義。

　　馬克思在對未來的社會主義提出暢想時說：「世界上沒有人必須生活在特

定的活動範圍之中，每一個人都可以在相對自由的狀態下作任何事情，只要自己喜歡，每一個人都可以做自己喜歡的事情，如上午打魚，下午打獵，或者傍晚除草，晚上看書學習，但並不意味著這個人一定會成爲漁民、獵人、農民或者學者。」〔註 14〕休閒只是人們生存方式的反映，體現出人對待生活的態度，是人的價值存在的具體表現。

　　人的全面自由發展思想是馬克思休閒思想的一個重要組成部分。通觀整個馬克思的思想理論，我們發現馬克思思想關於人的最根本目標就是爲了實現人的自由全面發展，在這個實現的基礎上從而有利於實現人類社會發展的最終目標，即建立人人嚮往的共產主義社會。那麼，如何才能實現人的全面發展呢？從馬克思的休閒思想中，我們發現，勞動和休閒是實現人的解放和自由全面發展的兩個支點，它們概括了人的自由全面發展的內涵。因此，我們要正確處理好勞動和休閒的關係，實現兩者的之間的良性互動。從人的全面發展來看，馬克思肯定了勞動是人的全面發展的基礎條件，即沒有勞動所創造的一切豐富，人類社會就根本無法實現人的全面發展；同時，勞動是衡量人的全面發展的標尺。如果沒有勞動這個標尺的衡量，人的全面發展也是無法得到實現的。休閒作爲人的全面發展的必要條件，它可以促進人的全面發展。休閒能使人回歸自己的心靈，實現自我的發展。人們可以在休閒中實現具有個性化的自我，人的自由全面發展在休閒生活過程中獲得實現。

〔註14〕馬克思恩格斯選集第一卷，北京：人民出版社，1995：37～38。

第三章　休閒倫理的基本原則

　　休閒倫理是當代應用倫理和實踐倫理的倫理類型。在「休閒時代」即將到來的現今，它所呈現的內容和形式也是前所未有，富含多樣性的。休閒倫理有自己相對獨特的倫理原則和規範。這些基本原則和規範構成休閒倫理的價值體系。建構與現代文明相適應，與幸福人生相契合，與宜居家園相一致的休閒倫理，事關個體身心健康，積蓄創業能量和追求高雅生活，同時也與社會文化建設、精神文明和生態文明發展密切相關〔註1〕，是現代休閒倫理學必須首先予以研究的重大理論問題，也決定著休閒倫理學的基本理論建構和價值建構。

第一節　身心健康原則

　　身心健康是休閒倫理的基本原則，也是休閒倫理規範的最基本的內容，是人們進行休閒文化生活所依據的最基礎的理念，它要求每個參與休閒活動的個體要保證其休閒活動的行為和行為後果不會有害於自己以及他人的身體和心理健康。個人是我們和諧社會建設的最小單位的主體，身心健康既是個人發展的基礎，又是社會發展的元單位，個人身體的強壯和心理上的健康是保證能夠促進我們和諧社會發展的。

　　追求身體和心理上的健康，是休閒最根本目的和內在的含義，現代的醫學和生物的學都表明，當一個人進行繁重的工作之後投入與他所鍾愛的休閒活動，不僅僅有助於個人身體機能的恢復，而且可以釋放心理壓力，使人精

〔註　1〕　向建州：《休閒倫理的四大基本理念》，《倫理學研究》2013 年第 4 期。

神愉悅、心情舒暢，體會到生活的樂趣，從而對生活充滿熱情、動力和嚮往。〔註2〕

一、何謂身心健康

一般意義上的健康是相對於疾病而言的身心無病狀態。世界衛生組織（WHO）成立時在它的憲章中則將其界定爲：「健康不但代表著人沒有被疾病所困擾，不存在虛弱的身體狀態，它更是一種表現在心理上、心理上以及社會上的最佳狀態。」這樣的定義更加全面，具有一定的超越性，使健康擁有了更加積極的意義。於1985年出版的中文版《簡明不列顛百科全書》則指出，「健康指的是個體在身體方面、精神方面、情緒方面以及社交方面能夠在長時間與周圍環境相適應的能力。」這一定義將健康界定爲個體適應環境的身體、情緒、精神及社交方面的能力，凸顯了健康的內在性、整體性以及對環境的適應性。

身心健康意味健康的身體和健康的心理，指身體和心理對人生活動和社會交往適應的良好狀態。世界衛生組織確定的身體健康十項標誌爲：1、精力十分充沛，對日常工作能夠遊刃有餘地完成；2、以樂觀、積極的態度對待人和事物，做事情不會挑三揀四，能夠承擔相應的責任；3、懂得休息，保持充足的睡眠；4、有良好的應變能力，與外界環境相適應；5、不被一般性感冒或疾病所困擾；6、身材勻稱，體重較恰當，身體各器官位置協調；7、眼睛有神，沒有相關眼病；8、沒有齲齒，顏色潔白，牙齦正常，沒有出血；9、頭髮不乾燥，無頭屑；10、肌肉豐滿，皮膚富有彈性。心理健康，是現代人健康不可分割的重要方面。心理健康，從廣義上講，是指一種高效而滿意的、持續的心理狀態，在這種狀態下，主體能作出良好的適應，並且充分發揮其身心潛能。從狹義上講，是指人的基本心理活動的過程內容完整、協調一致，即認識、情感、意志、行爲、人格完整和協調，能適應社會，與社會保持同步。心理健康的理想狀態是保持性格完美、智力正常、認知正確、情感適當、意志合理、態度積極、行爲恰當、適應良好的狀態。與心理健康相對應的是心理亞健康以及心理病態。世界衛生組織確定心理健康的六大標誌爲：1、有良好的自我意識，能做到自知自覺，既對自己的優點和長處感到欣慰，保持自尊、白信，又不因白的缺點感到沮喪。2、坦然面對現實，既有高於現實的

〔註 2〕 向建州：《休閒倫理的四大基本理念》，《倫理學研究》2013 年第 4 期。

理想，又能正確對待生活中的缺陷和挫折，做到「勝不驕，敗不餒」。3、保持正常的人際關係，能承認別人，限制自己；能接納別人，包括別人的短處。在與人相處中，尊重多於嫉妒，信任多於懷疑，喜愛多於憎惡。4、有較強的情緒控制力，能保持情緒穩定與心理平衡，對外界的刺激反應適度，行為協調。5、處事樂觀，滿懷希望，始終保持一種積極向上的進取態度。6、珍惜生命，熱愛生活，有經久一致的人生哲學。健康的成長有一種一致的定向，為一定的目的而生活，有一種主要的願望。一般來說，心理健康的人能夠善待自己，善待他人，適應環境，心情好，和諧人格。心理健康是不是沒有痛苦和煩惱，但他們能及時從痛苦，積極尋求新的方法來改變不利局面。他們可以深入理解生活的衝突是至關重要的，不能避免，可以深入瞭解陰陽的善和惡的人性。他們是誰可以自由表達，溫和的，要展示自己的個性，與環境的協調發展。他們不斷學習，利用各種資源，不斷充實自己。他們將享受更好的生活，但也明白，幸福在於知足。他們不會去，但在從不同的角度看問題。

在新中國剛建立初期，毛主席說過，「身體是革命的本錢」。這句話蘊含著深刻的道理：人如果連基本的需求都得不到滿足，沒有健康的身體，那麼無論是人自身的發展，還是社會的進步，都是空談。《黃帝內經》說過，「外不勞形於事，內無思想之患，以恬愉為務，以自得為功……以可以百數。」人並不是永不停歇的工作的機器，健康的第一保證就是一天擁有「8 小時」的睡眠。現代社會白領階層絕大部分處於亞健康狀態，除了競爭帶來的精神壓力以外，睡眠不足，睡眠質量低下，缺乏必要的運動，這些都是不容忽視的誘因。研究顯示，體育鍛鍊（主要指休閒體育而非競技體育）可以充分的加強人之體質，從而保證人擁有「革命」的「本錢」。

人不僅需要身體健康，而且需要心理健康。人之成功、社會之發展皆離不開人的情感和意志。適度的休閒對於人的心理健康作用很大，適當的體育鍛鍊不僅可以強筋骨，提高身體的免疫力，以及對周圍環境的適應能力，休閒也可以培養個人良好的心理品質，加強個人的文明意識與道德修養，從而培育出身心健康的人。在處於社會結構急劇變化、利益結構急劇調整的轉型社會，相當一部分人，尤其是青少年未能樹立正確健康的休閒理念，他們過度地放任自己，其根源在於脫離實際的攀比心理，以及享樂主義、利己主義等錯誤觀念。

人爲了滿足自己的金錢欲望而不珍惜自己的身體，那麼生命就會屈從於金錢利益，就會成爲金錢的附庸，聽任金錢的擺佈，這種利益就難免沾染上血腥的或是藥丸的味道。生命對於每個人只有一次，當人過度透支和損耗的同時，雖然做了很多業績賺到了很多錢，可是這是成正比的，因爲當人的身體負荷承受能力到達一定極限的時候。所有的傷痛和病疾就會爆發，那他就得用他賺的錢去醫治。亞健康、腦力枯竭、疾病纏身、過勞死，這些 80 年代我們的曾經以旁觀者的看到過大量報導國外上班族的現象，現在如瘟疫般，已經蔓延到你我的身邊，開始威脅到每一個人——不管你願不願意，這是事實。因此，擺正身心健康與物質金錢的關係，對於樹立正確的人生觀、價值觀尤爲重要。

身體健康和心理健康存在密切聯繫，二者互相影響，互相促進。心理健康爲身體健康提供精神支撐，而身體健康爲心理健康提供身體條件。良好的心理狀態有利於人的身體各項機能處於最活躍的狀態，反之，人的身體各器官會陷入不協調的狀態，甚至可能會引發疾病。從另一角度來看，身體機能的變化也會相應地引發心理問題，比如由於身體的缺陷、或者長期難以治癒的疾病會使人產生焦躁、憂鬱、擔心的情緒，使人的心理陷入不健康的狀態。眞正稱得上健康的人，無論是心理還是生理都要健康、統一。

二、身心健康原則的要求

人生最大的財富莫過於健康。世界衛生組織總幹事曾指出：「許多人不是死於疾病，而是死於無知，只要採取合理的保健措施，可以使死亡減少一半。」沒有健康的體質就不能創造出自己能夠享受到的物質，健康是 1，其他都是零，1 後加零可謂無限的創造，沒有 1 的零，再多也是零。因此，珍惜健康、關注健康，學會正確處理健康與勞作、健康與創造的關係，我們就能夠使生命既能創造價值，還能享受價值，譜寫生命價值的嶄新篇章。正確的休閒生活和休閒活動應當以維護身心健康爲第一原則，始終使休閒活動服務於服從於身心健康，千萬不能本末倒置，捨本逐末，爲了休閒而妨礙或犧牲健康。

第一，休閒活動要保證身體的健康。身體健康是休閒倫理規範的首要內容，它有對自己以及他人兩方面的要求，即要保證自己的合理休閒和保證不影響他人的正常生活。對自身要求的一方面是要休閒適度，不能太過於激烈或者負荷。如果過度的進行休閒活動反而會加重身體的負擔，達不到預期放

鬆身體、恢復體力的目的；另一方面，日常生活中的起居飲食要具有規律、合理、適量的特性。人是鐵飯是鋼，起居飲食是直接影響一個人身體和心理健康的因素。節制有度是指在養生保健活動或者行爲中提倡飲食、起居等適當有度，反對鋪張浪費、暴殄天物、無節制的行爲。儒家在養生保健方面的思想也蘊含著知足常樂、崇尚健康，從而體現節制有度的觀念。〔註3〕儒家思想家孔子曾多次表達了這種理念，他說：「飯蔬食飲水，曲肱而枕之，樂意在其中」、「君子食無求飽，居無求安」〔註4〕，知足常樂、崇尚健康的思想在古代從心理和觀念上來指導了中國人養生保健，顯現了中國傳統休閒倫理文化節制有度的內涵。按時、適量、多元的飲食才能保證身體機能正常運轉。對他人的要求是在休閒活動時選擇合適的地點，不影響他人的正常生活。素食戒葷是傳統養生保健的重要思想，在最初，它只是一種祭奠神明的形式，後來通過不斷的發展和衍生，充分體現了順應自然、調養身心的道德要求。按照傳統中國的飲食傳統，人們在飲食時應該以清淡爲主，不應該追求過於過渡重口味的飲食習慣。《呂氏春秋》之《重己》篇指出，善於養生的人是「不味眾珍」的，因爲「味眾珍由胃充，胃充則大悶，大悶則氣不達」，〔註5〕無節制地吃飛禽走獸會影響身體健康。素食戒葷的養生思想在道家思想中更爲突出，道家思想提倡吃齋可以延年益壽，過度追求美味佳肴以及過度飲食都會影響身體健康。中國傳統的養生保健的精神，無論是對於保護動物，還是對於人的身體健康，都具有相應倫理價值。〔註6〕

第二，休閒活動要保證心理與精神的健康。保證心理與精神健康是休閒倫理規範健康的重要內容，體現了休閒倫理規範的核心要求。對精神調養層面上的重視是傳統養生保健的重點，而精神調養又是以修德爲先，它要求加強道德層面上的修養，開闊胸襟，從而保持良好的心境。儒家認爲「修身」與「養生」思想相通，孔子說：「愛其死以有待也，養其身正以有爲也，其備豫有如此者。」〔註7〕孟子說：「夭壽不二，修身以俟之。」〔註8〕在儒家看來，養生履行的是

〔註3〕　向建州：《休閒倫理的四大基本理念》，《倫理學研究》2013 年第 4 期。
〔註4〕　安雲鳳：《經濟全球化下中國傳統家庭消費倫理觀的擅變》，《倫理學研究》2003 年版，第 45 頁。
〔註5〕　呂不韋：《呂氏春秋全譯》，人民出版社 2009 年版，第 7 頁。
〔註6〕　向建州：《休閒倫理的四大基本理念》，《倫理學研究》2013 年第 4 期。
〔註7〕　丁鼎：《禮記解讀》，中國人民大學出版社 2010 年版，第 584 頁。
〔註8〕　朱熹：《四書章句集注〈孟子·梁惠王下〉》嶽麓書社 2008 年版，第 477 頁。

一種道德責任，修德重於養體。孔子提出「志於道，據於德，依於仁，游於藝。」〔註9〕的人生休閒方式充分說明個人的道德修養以及人文素質是休閒的重要部分。在儒家思想上，儒家的修身養心、養生延年、調養情性的養生保健思想對我國傳統休閒文化具有積極的意義以及深遠的影響。在佛教上，佛家養生主張修德而後養生，其關鍵是修心，修心必先除惡，心一旦有惡，身體便會隨之惡之。佛家思想認為一個有高尚道德情操的人才是一個心理健康的人，同時也認為疾病的發生常常是與不良的道德行為有關係的。

心理與精神健康要求：一是人們要在正確休閒思想和休閒價值觀的指導下，追求高尚的道德觀，遵守社會的公德，維護社會的和諧穩定；二是要積極參與有益的社會休閒活動，與其他的人加強交流，互相促進，互相幫助，相互提高道德修養；三是逐漸接受與學習高雅的休閒文化生活，吸收積極樂觀的文化元素，瞭解具有時代氣息的新鮮事物，反對類似黃、賭、毒的惡劣行為。

隨著社會的不斷進步，人類的物質和精神生活不斷得到滿足，人們在享受著較高物質生活的同時，也在追求更高層次的精神生活。真正的休閒應當是健康的，托馬斯·古德爾認為：「休閒使人返回到健康、平衡的天性上來，返回到一種自然而和諧的狀態上來。在這種狀態中，每個人都會真正的成為自我，並因此而使生活富有意義。」〔註10〕為了使休閒真正有助於健康人生，必須使休閒具有倫理的意蘊和品質。健康、舒適成為休閒倫理的首要價值理念。也就是說，休閒必須有助於身心健康和舒適。有悖於身心健康和舒適的休閒，如吸毒、賭博等，就沒有任何倫理的意義，應當受到休閒倫理的譴責和抨擊。

三、身心健康原則的價值

維護生命機體的健康是人們對待自我的一種道德義務，也是個體生命價值的內在要求。生命質量，首先取決於生命體本身是否健康。個體是否處於健康狀態，不僅僅屬於個人的事情。人生活在一定的社會中，處於各種社會關係中，所以個體的健康狀況不僅與本人聯繫密切，也與周圍的人存在很密

〔註9〕 朱熹：《四書章句集注〈論語·述而〉》嶽麓書社 2008 年版，第 128～129 頁。
〔註10〕 〔美〕傑弗瑞·戈比等：《人類思想史中的休閒》，馬慧娣等譯，雲南人民出版 2000 年版，第 81 頁。

切的聯繫。如果社會個體以個人利益爲中心，喜歡嫉妒別人，他不可能很好地生活在社會中。〔註 11〕另外，如果一個人長期被疾病所困擾，那麼他也無法奉獻社會，只能在社會中享有特定的權利，無法承擔相應的義務，這種人長期在社會上生活，就會使他人承受巨大的負擔。所以從某種程度上說，健康是個體爲自身、爲整個社會的幸福應當承擔的職責。但是，如果疾病不是由人爲因素所控制的，那麼就不需要承擔這種職責。

休閒具有健康功能。最新研究表明，人們在完成繁重的工作之後需要及時放鬆、休息，這樣才能盡快恢復身體各項技能，使人的心理回歸到愉悅的狀態，這樣才能更深刻地體驗到人生的價值，從而以更積極的態度對待人生。

第二節　正當合理原則

休閒生活的正當合理原則主要由無害於他人和社會公共生活、善待自我與善待他人、休閒主體之間的公正對待等組成。

一、無害於他人和社會公共生活

無害於他人和社會公共生活是休閒倫理正當合理原則的最基本最一般要求，它確定了休閒倫理的底線和基準，是任何人都必須遵循的基本道德原則。

無害於他人和社會公共生活，就其具體內涵來說，主要有以下幾個方面：

第一，個體的休閒活動不能對他人和社會秩序產生不良影響。處在幽靜的環境中，自由、輕鬆地從事自己喜歡的事情，可以盡快消除身上的疲勞感，補充工作和學習中消耗的精力，以便繼續工作和學習。反之，如果採用邀請朋友聚會、唱歌、跳舞的方式來休閒，可能對周圍人產生影響，不利於他人的休息。人的個性發展首先需要對他人個性的尊重，如果剝奪他人的個性發展條件，自身也不會獲得良好發展。個人的休閒不能對他人的休閒造成不良影響，不能妨礙他人休息，選擇唱歌或者跳舞的方式休閒，一定要建立在他人安靜、祥和的基礎上。〔註 12〕

第二，個體休閒的實現不能建立在他人或公共財物損害的基礎之上。休

〔註 11〕袁其微：《休閒的倫理思考》，湖南師範大學碩士學位論文 2005 年 3 月。
〔註 12〕袁其微：《休閒的倫理思考》，湖南師範大學碩士學位論文 2005 年 3 月。

閒需要必要的物質條件，休閒活動一定會利用到財物、場地以及設備等，而休閒的設備、場地絕對不是爲某一個體準備的。休閒屬於社會活動，每一個社會中的人都有權參加，所以對他人或者公共財物的愛護能夠體現休閒獲得社會的肯定。如果休閒失去了社會性，那麼個體本身的休閒也一定會失去，因爲自己也會成爲他人眼中的「他人」。〔註13〕

第三，個體的休閒不能以損害社會風氣、道德敗壞爲代價。休閒活動對大部分人來說，並不是絕對的理性選擇，它會受到社會習俗、文化傳統、生活常識等因素的影響，所以個體選擇休閒活動會受到社會風氣的影響。對國家或者民族來說，如果存在良好的社會風氣，那麼社會中的休閒活動也必定是健康、積極向上的；如果社會風氣不健康，那麼社會中的休閒活動也必定會低俗、無趣，這已經得到了很好的證明。所以，對每一個社會成員來說，要爲改善社會風氣、創建良好的社會環境而積極努力。

社會風氣中的道德要求指的是要抵制休閒活動中的不道德現象，如聚眾賭博、觀看淫穢錄像等休閒活動，這些強烈腐蝕良好社會風氣的不良現象能夠使人在毫無知覺的情況下被毒化，甚至走向毀滅，而且這種不良社會現象帶有很大傳播性，如果不嚴格控制，很容易在社會中形成惡性循環，因此我們要堅決抵制不良休閒方式。休閒者一定要在休閒活動中遵循基本的行爲規範，否則難以充分發揮休閒的功能。制定《全球休閒倫理規範》的目的是要爲所有的休閒者、休閒經營商、旅行社以及政府等社會主體創建一個遊戲規範。所以，休閒倫理研究中的休閒倫理規範理所當然成爲研究的中心。休閒倫理主體十分複雜，休閒倫理規範的相關研究不但包括從宏觀的角度展開的研究，也包括站在微觀的角度展開的研究，很多研究者將研究重點集中於休閒活動的形式規範或者行業規範上。

二、善待自我與善待他人

每一個人既要善待自己，也要善待他人。善待自己，善待他人，才能使我們在波濤洶湧的人生之旅始終鎮定自若，遊刃有餘。

善待自我，包括多方面的內容，諸如懂得肯定自我和發展完善自我，悅納自我、砥礪自我，能體驗到自我的存在價值，瞭解自我，接受自我，具有自知之明等等。善待自我要求對自己的能力、性格、情緒和優缺點都能做到

〔註13〕 袁其微：《休閒的倫理思考》，湖南師範大學碩士學位論文 2005 年 3 月。

恰當、客觀的評價，對自我不會提出苛刻的非分期望與幻想，凡事從大處著眼，不在意一城一池的得失，把握現在，迎接下一次挑戰。一個善待自我的人，必定是一個自尊、自信、自重和自強的人。

　　善待自我，是完善自我的基礎。只有不斷完善自我，才是真正的善待自我。善待自我，不是盲目的寬容和放縱自我，而是努力追求自我發展和自我完善。成為一個正常的理性人，成為一個文明的社會人，成為一個善人和君子，進而向著聖賢方向邁進，均可以說是善待自我的內在要求。善待自我的人既不自卑自賤，也不自高自傲甚或自大自狂，他能正確地認識自我，合理地悅納自我，理性地改造和發展自我，對自我既有嚴格的要求，但又不把自我逼向絕路，發展自我和完善自我的目標既高遠恢弘又切實可行。

　　真正的善待自我內在地包含了善待他人，善待他人就是善待自我。馬克思認為，「人來到世間，既沒有帶著鏡子，也不像費希特派的哲學家那樣，說什麼我就是我，所以人起初是以別人來反映自己的。名叫彼得的人把自己當做人，只是由於他把名叫保羅的人看作是和自己相同的。因此，對彼得來說，這整個保羅就以他保羅的的肉體成為人這個物種的表現形式。」〔註 14〕自我與他人在相互承認、相互依持中成為人，並生發出人的意識和感覺。所以，「人的本質不是單個人所固有的抽象物，在其現實性上，它是一切社會關係的總和。」〔註 15〕即便看起來與他人不相關的個體活動如個體思維、心理活動等，其實也是社會的，具有社會性。馬克思指出：「甚至當我從事科學之類的活動，即從事一種我只有在很少情況下才能同別人進行直接聯繫的活動的時候，我也是社會的，因為我是作為人活動的。不僅我的活動所需的材料——甚至思想家用來進行活動的語言——是作為社會的產品給與我的，而且我本身的存在就是社會的活動；因此，我從自身所做出的東西，是我從自身為社會做出的，並且意識到我自己是社會存在物。」〔註 16〕馬克思的這些論述，科學揭示了人的社會本質以及個人同他人的社會關係，說明了善待他人是人自己成

〔註 14〕馬克思：《資本論》第 1 卷，《馬克思恩格斯文集》第 5 卷，北京：人民出版社 2009 年版，第 67 頁。

〔註 15〕馬克思：《關於費爾巴哈的提綱》，《馬克思恩格斯文集》第 1 卷，北京：人民出版社 2009 年版，第 501 頁。

〔註 16〕馬克思：《1844 年經濟學哲學手稿》，《馬克思恩格斯文集》第 1 卷，北京：人民出版社 2009 年版，第 188 頁。

爲人的必要條件和內在要求，只有善待他人才能更好地善待自己，善待他人是善待自己的重要表現和必要環節。「只有在社會中，人的自然的存在對他來說才是人的合乎人性的存在。」〔註17〕中國古代儒家所倡導的仁學，實質上是從人我關係相互確證處立意的，亦即承認他人爲人才能找到自我的感覺，所以推己及人，將心比心成爲人的道德規定性，正可謂「己欲立而立人，己欲達而達人」，「己所不欲，勿施於人」，這是一種在承認自我與他人平等地位的過程中所建構起來的一種屬人的關係，是仁愛之德行的生長點或擴充點，表徵出人的社會本質和社會性存在。

三、休閒主體之間的公正平等

正當合理要求休閒主體之間遵循公正平等的原則。「公正」是休閒倫理的重要原則。

第一、規章制度的遵循。其實任何休閒活動尤其是一些與人共同休閒的玩耍性遊戲，如下棋、打牌、戳麻將以及一些體育運動項目，特別需要遵循規則，按照公平、公正、公開的原則進行。古代人講的「棋德」、「牌德」、「酒德」等十分注重規則的公平以及對規則的維護。打牌、下棋、戳麻將應當遵循一定的規則，千萬不能情緒化，切忌亂打亂摸，打錯了不要影響心情，尤其不能發輸火。過分在意輸贏的發輸火，實在是缺德失信的表現，也會使休閒活動的愉悅氛圍喪失殆盡。

第二、可持續休閒發展。可持續休閒發展要求休閒活動具有持續發展的特質，不僅不危及當代人的生存發展權益，而且不能傷害子孫後代利益。因此，一些休閒項目的開發、休閒設施的建立，應當考慮代內公平和代際公平問題。對那種竭澤而漁、殺雞取卵的亂開發、亂建設問題，應當堅決叫停，對那些「我死後哪怕洪水滔天」的短期行爲必須予以譴責和批判。要爲子孫後代留出路，要考慮子孫後代的休閒權益和休閒訴求，爲其創造、傳承良好的休閒文化。

除此之外，休閒發展規劃中的程序問題、安全問題、休閒者的健康問題以及高級飯店的服務與價格一致問題，從事休閒工作的人員待遇問題等，也是休閒主體之間公正平等原則的重要內容。

〔註17〕馬克思：《1844年經濟學哲學手稿》，《馬克思恩格斯文集》第1卷，北京：人民出版社2009年版，第187頁。

第三節　優美雅致原則

　　優美與雅致是休閒倫理內在必然性的要求。它主要指人們在休閒活動中，需要追求優美高雅的格調，以此來培育自己的審美情趣，陶鑄自己的高尚品質，發展自己向善向上的能力潛質，使休閒成為美化生活點染生活和提升生活的重要方式，促進人自由、和諧的不斷完善的全面發展。〔註18〕

一、優美雅致是人類生存的境界追求

　　休閒倫理與優美是人不同方面的需求，都是對人本質力量的肯定，是人自我實現的方式。它們既對立，又統一互補，兩者有著共同的精神指向——自由。許多的休閒理想與境界，實則蘊含著極為豐富的倫理美學意蘊與韻趣。我們必須從優美的視野來揭示並引導休閒倫理。而要在休閒活動中領受優美，需要滿足一些條件。作為客觀條件的休閒時間，作為休閒主體自由無束的心靈狀態構成了休閒美。〔註19〕

　　辜鴻銘在《中國人的精神》一文中將中國人的精神界定為一種優雅或文雅的精神，並指出：我所說的文雅不是天性柔弱或者軟弱順從，而是沒有生硬、粗糙、粗野或者暴虐，在真正的中國人性類型中有這樣一種氣質：從容、鎮定、歷經磨練後的成熟，如同一塊千錘百鍊的金屬。甚至，一個真正的中國人，他身體上或者道德上的缺憾，即便無法補救，也會被他身上的文雅品質所淡化。在辜鴻銘看來，「真正的中國人也許粗糙，但粗糙中沒有粗劣。真正的中國人也許醜陋，但醜陋中沒有醜惡。真正的中國人也許粗俗，但粗俗中並無好鬥和囂張。真正的中國人也許愚蠢，但愚蠢中並無荒謬。」〔註20〕這種優雅、中和的氣質實在是中國人精神或性格中不同於歐美人的獨特之處。

　　高爾基曾說：「美學是未來的倫理學」。這是一個頗有前瞻性的預見。隨著時代的不斷進步和經濟的快速發展，人們可以比以往更易擺脫世俗功利事務，休閒自主時間也在不斷增加。人們追求的不再是能否休閒，而是如何過上高質量高品位有深度的休閒生活。美國休閒學家托馬斯·古德爾認為，休閒「是一個國家生產力水平高低的標誌，是衡量社會文明的標尺，是人類物質文明與精神文明的結晶，是人的一種嶄新的生活方式、生命狀態，是與每

〔註18〕向建州：《休閒倫理的四大基本理念》，《倫理學研究》2013年第4期。
〔註19〕向建州：《休閒倫理的四大基本理念》，《倫理學研究》2013年第4期。
〔註20〕辜鴻銘：《中國人的精神》（M），西安：陝西師範大學出版社，2011：20～21。

個人的生存質量息息相關的領域」。從中可以看出，休閒活動不只是簡單的放鬆娛樂，更是與生活質量和生命質量緊密結合。它對於健康全面人性的建構，豐富充實人生的築立，有著重要的價值。同時，雖然客觀上可支配的時間增多，可人們並沒真正領受到休閒的本質和精神內核。多是沉溺於永無止境的消費物欲漩渦中而難以自拔。〔註 21〕例如，作爲休閒活動的代表旅遊活動，雖然產業結構化不斷發展，但是其活動品質和精神內涵並沒得到相應的提高。人們多數的旅遊仍停留在「上車睡覺，下車拍照，回到家啥都不知道」較低級層次。只注重感官的淺顯享受，缺乏深度的精神感悟。之所以會出現這種情況，主要還是人們的休閒生活沒有審美的內涵，沒有上陞到審美境界。針對這種情況，北大學者陳平原就引出兩個休閒的新概念，一個是深度旅遊，一個是詩意的棲息。休閒的這種時代情勢顯示著審美在當今休閒倫理規範中的地位日益突顯，這也要求著文化藝術工作者和政府積極加大對休閒藝術的研究，引導人們提高審美情趣和人文素養，使審美在人們的休閒活動過程中發揮更加重要和積極的作用。〔註 22〕

二、貴和樂群與和睦融洽

中國傳統休閒倫理的一個重要方面就是注重家人親屬之間的團圓，重視血緣親情和家族和睦，以及共享天倫。〔註 23〕千百年來，中國人一直把「和」與「睦」聯繫在一起。南朝梁代的周興嗣就在他的《千字文》中寫道：「上和下睦」。這裏的「上、下」，可以狹義地理解爲「對上、對下」要「和」與「睦」，也可以廣義地理解爲對方方面面都要講究「和」與「睦」。「和」與「睦」是相輔相成的。要「和」就要待人「睦」；有「睦」才有「和」。中華民族的和諧文化強調「天時不如地利，地利不如人和」，主張「和爲貴」，強調人與人之間應當和睦相處，和諧與共。貴和是同樂群緊密聯繫在一起的。樂群意味著對群體的接納與認同，擁戴群體生活，熱衷於群體事務，希望大家都能獲得人生的快樂、幸福和成功。繼承並發展中華民族所創造的貴和樂群的倫理文化，在全社會大力倡導和睦相處、和諧與共的理念、培育精誠團結、互助友善的和諧精神，倡導共生共贏的和諧意識，就能夠有效地化解人際之間的

〔註 21〕 向建州：《休閒倫理的四大基本理念》，《倫理學研究》2013 年第 4 期。
〔註 22〕 向建州：《休閒倫理的四大基本理念》，《倫理學研究》2013 年第 4 期。
〔註 23〕 向建州：《休閒倫理的四大基本理念》，《倫理學研究》2013 年第 4 期。

摩擦、怨恨與矛盾，形成禮尚往來、與人爲善、成人之美、助人爲樂的新風尚，就能夠形成與人爲善、樂於助人的道德情感和見利思義、顧全大局的處事準則，在處理利益關係和各種矛盾時，互諒互讓、友好協商，形成我爲人人、人人爲我的社會風尚。

　　中國傳統文化所形成的「和爲貴」的處世哲學，「和而不同」的文化理念，「天人合一」的自然意識，「協和萬邦」的國家觀念，深深影響中華民族的成長，使其具有海納百川，有容乃大的博大胸襟，至今仍然得到人民群眾的廣泛認同，也是我們今天建設和諧文化豐富而厚重的思想資源。在喜慶節日的時候，親友們從各地趕回來與親朋好友團聚，特別是在春節和中秋節，這兩個節日更爲明顯。形式上，在節日團圓之際親朋好友按照傳統的節日方式來慶祝，增進相互的感情，例如除夕夜的年夜飯、春節的團拜、中秋的賞月等等。情感上，由於對團圓的重視，人們的情感會相互滲透，形成以家族式的快樂擴大化。正所謂「獨樂樂不如眾樂樂」。〔註24〕

　　求和諧之眞、達和諧之善，致和諧之美，是自然的內在律動，也是人類文明的歸宿。然而，由於我國經濟發展的不平衡性以及由此產生的社會財富不平衡，導致的區域、城鄉乃至代際之間的休閒各不相同。因此，在進行休閒活動中，需要正確處理自身與社會的關係，自覺愛護公共財物，文明運動，在休閒的點點滴滴中促進個人與社會自身的和諧相處；需要秉著寬容的理念，以誠信、友善的態度對待身邊的每一個人，從而避免衝突的發生，實現人與人之間和諧相處。人們在休閒中體現的「彼此信任，相互幫助，平等相處，合作共事」的基礎性倫理，有利於增加社會的價值認同和凝聚力，使人在彼此信任和相互關愛中感受人的價值和尊嚴。不僅如此，現代休閒的基礎性倫理還提倡待人以禮，助人爲樂和互相尊重。在中國傳統休閒倫理中也蘊涵著「誠信友愛、以禮待人」的思想。例如盛行於西周的「禮射」，要求「射者，仁之道也；射求正諸己，己正而後發，發而不中則不怨。勝己者，反求諸己而已矣」。這正體現了儒家「仁」的思想；同時還主張「射不主皮」，射者不僅以中皮爲善，也應兼取禮樂容節。

　　人與自然的和諧相處也是塑造休閒和諧的重要方面。中國武術之所以博大精深，很大程度上源於其人與自然和諧相處的天人合一。然而，現代人的休閒往往建立在對自然的侵犯之上，這必將遭到大自然的報復。如果沒有人

〔註24〕朱熹：《四書章句集注〈孟子・梁惠王下〉》嶽麓書社 2008 年版，第 289 頁。

與自然的和諧相處，那麼，人與社會、人與人之間的和諧關係也終將被打破，休閒倫理的建構也勢必遭到失敗。

三、低碳環保與綠色休閒

低碳與環保是生態和諧的內在要求，更是休閒倫理的基本理念。生態和諧，也就是說休閒者在實現休閒時，不能對生態環境造成不利影響。倡導人順應回歸自然並積極使人的生活方式與自然相協調。它具體表現為，在具體的生態環境中，暫時不以主客二元對立的思維方式來處理人與生態環境的關係，忘卻人類持有的、以人類為主體中心的固有思想，體悟自然並融入自然，使身心處於和諧鬆弛的狀態。美國著名的休閒學專家傑弗瑞·戈比就說：「從美學的角度上看，如果空氣更加清新，樹木不再被砍作木柴，機動車和大貨車不再製造大量的噪音和尾氣，環境不再因為人類的能源消費而發生大的變動，那麼社會休閒活動的質量將在這種環境下得到很大的提高。」〔註25〕休閒倫理規範的生態內容是隨著時代進步和思想發展逐漸形成的。回顧人類關於自然思想的發展進程，大致經歷了從人類中心主義向生態整體主義過渡的轉向。隨著時代的不斷發展，科技快速的進步和物質的不斷豐富，自然環境卻在日趨惡化。這種變化的事實也顯示著，和諧的生態自然環境在休閒質量結構中的地位越來越重要。休閒倫理規範的生態內容反映了人與生態環境的道德關係，對於提高人們的生活質量，實現人們休閒理想，合理引導健康科學的休閒行為，提供了價值準則和行為規範。

如今，在郊區和鄉村出現了「農家樂」、「生態遊」、「郊外遊」熱潮，城市裏的度假村和各種戶外運動休閒日新月異，這無不昭示著人們越來越強烈的回歸自然的渴望和意願，也對自然生態環境提出了更高的要求。政府和休閒管理者應順和並儘量去滿足這一心理趨勢。就政府而言，應確立宣傳符合新時代的休閒倫理價值標準，充分發揮倫理道德的價值取向的導向功能，正確處理休閒者及其在生態環境中的休閒倫理關係，使人們的休閒活動與大自然的規律相一致。

休閒管理者應平衡經濟利益和生態效應的二者關係，重視生態環境的整體利益和長遠利益，不只依人的主觀意願開發利用自然環境，而是要按照區

〔註25〕〔美〕傑弗瑞·戈比等：《你生命中的休閒》，雲南人民出版社2000年版，第34頁。

域的長遠的生態協調發展的願景，進行合理的有節制的開發。適度地發展休閒資源，保持休閒地的自然環境。瞭解休閒資源的承載力，主動地將遊客限制在承載範圍內。

作為休閒主體，也應加強環保意識和道德觀念，以一種平和的姿態與自然環境共處，愛護大自然和生態環境，尊重生物物種的多樣性和生態系統的多樣性。自覺履行生態倫理道德規範的要求，主動承擔起保護生態環境的社會責任，使之生態系統處於一種自然、和諧的狀態。同時，很多時候休閒者也是消費者，因而倡導健康文明的休閒消費觀也是休閒倫理規範中蘊含生態內容的重要方面。任何事物都有一個限度，超出這個度就會破壞事物內部的系統平衡，也會破壞事物與外部事物環境的自然和諧關係。1992 年制定的《21世紀議程》就明確提出，不適當的消費和生產模式導致的環境惡化是當今地球所要應對的最嚴重的國際問題之一。其實，合乎生態的休閒消費就是可持續消費，包括適度消費、文明消費和綠色消費。休閒者在進行消費活動時，應反對不合理的過度消費和奢侈消費，而應以滿足人的精神需要為第一要務，遵守文明休閒者的行為準則，通過生態休閒達到自我完善與發展的目的，盡量使休閒者的休閒行為符合生態系統的自然規律，努力實現自我與生態自然環境融為一體。〔註26〕

〔註26〕 向建州：《休閒倫理的四大基本理念》，《倫理學研究》2013 年第 4 期。

第四章　休閒倫理類型及實踐要求

　　休閒倫理規範與休閒倫理類型相聯繫。不同的休閒倫理實踐孕育著不同的休閒倫理規範。節日喜慶、遊戲娛樂、體育健身、旅遊觀光以及生態農業都是當代休閒倫理的重要類型，各自包涵著獨特的休閒倫理規範，傳達著休閒倫理思想的精神要義。

第一節　節日喜慶休閒倫理

　　節日喜慶是人們休閒聚會的重要時段和方式，在節日喜慶這一獨特的休閒活動中，人們與親朋好友聚會在一起，共同慶祝或紀念，表達由衷的心願和祝福，寄託著人們對美好生活的無限嚮往。

一、節日喜慶休閒的倫理意義

　　最富有中國特色的休閒方式是節日喜慶休閒，它是中國休閒文化中的重要組成部分，中國的傳統節日數量很多，在世界處於數一數二的地位。人們在節日通過慶祝、祭祀等特殊的方式表達對先輩的追念或者對神明的尊崇，同時也能傳承中國民俗文化，此外，還可以通過這種方式來放鬆，從平日繁重的農活中調節出來。通過長久的演變，也就逐漸形成了傳統的「春節」、「元宵節」、「清明節」、「端午節」、「中秋節」、「重陽節」等等，這一些都是具有代表性的節日。

　　在全中國人以及世界華人的心中，春節是最隆重的節日，無論人們處在離家多遠的地方，人們都會盡力在春節趕回家，與親人團聚。春節從臘月二

十三小年開始拉開帷幕，一直到年三十的除夕夜，再到正月十五元宵節，春節時間持續 20 餘天，人們籍以此節日辭舊迎新、革故鼎新，總結過去的成就，籌劃來年的藍圖，大人小孩、父母子女共度良辰美景，其中有對過去的會議，也有對未來的美好憧憬，人們通過多樣化的方法實現了內容和形式的統一，抒發出辭舊迎新，全家團聚的美好感情。春節不僅能夠展現中華民族的美好傳統，還能帶給人無限的精神力量。

清明節是中華民族祭祖掃墓、追賢思孝、認祖歸宗的節日。「清明時節雨紛紛，路上行人欲斷魂」。人們結伴而行，祭拜祖先亡靈，面對祖先的墳墓，與其對話，以告慰故人，也勉勵自己和後人，勿忘祖宗恩德，繼承祖先遺志，更好地繼往開來。現今的清明節，從對親人、祖先的祭奠活動，已經發展到對英雄、歷史的緬懷，意義不斷擴展與提升。

端午節是中華民族吃粽子、賽龍舟的一個重大節日。相傳古代詩人屈原在農曆五月初五這一天投江殉國，後人為了紀念屈原，把這一天當作節日，籍以繼承屈原愛國主義情懷，這一節日體現出人們對屈原民族品格的價值追求。人們在端午節要吃粽子，舉行賽龍舟活動，顯示出中華民族奮發向上的進取精神。

七夕節是中國唯一一個展現美好愛情的傳統節日。牛郎織女於每年農曆的七月初七日鵲橋相會，將中華民族的愛情理念給予了最完美的詮釋。「金風玉露一相逢，便勝卻人間無數人間無數」，「兩情若是久長時，又豈在朝朝暮暮」，無數詩人作家盡情謳歌牛郎織女的鵲橋相會，使得這一今日成為中華民族歌頌美好愛情、矢志不渝的日子，不斷賦予人類愛情以神聖、高尚、持久的內涵並使其富含魅力。

中秋節是中華民族萬家團圓、共享明月的盛大節日，「但願人長久，千里共嬋娟」，這是千百年來形成的一大景觀，人們由月圓逐漸擴展到人圓。中秋節能夠表達出中華民族對團聚的期盼以及對團聚的特別喜悅。

重陽節是中華民族孝老尊賢、表達美好祝願的節日。相傳農曆九月初九這一天，雙九重逢，人們登高敬老，以表達對長者的敬重和登高攬勝的情懷。尊老敬老是千百年來裏傳下來的美好傳統，這在重陽節的慶祝活動中得到充分展現。

我國的傳統節日在遵循自然規律變化基礎上，分佈在一年中的不同月份，構建出一幅文化歷史的圖畫。除此之外，還有各地、各單位乃至各個家庭、每

一個人特有的喜慶活動，使得節日喜慶休閒文化絢麗多姿，意味深刻而熱烈，是中國人當代休閒的重要組成部分，展現著中華民族傳統美德和當代美德。

這個節日是中華民族節日文化和生活文化的一個重要組成和活性元素，經過多年的不斷，成千上萬的持久的集錦，獨特的文化內涵和民族素質。它需要一個形式的潛移默化，娛樂，體現中華民族所特有的精神世界以及內容豐富的道德生活，理想的實現，智慧與道德的追求是重要載體，弘揚中華民族傳統美德的中華傳統優秀文化，弘揚民族精神，民族特色，增強民族的凝聚力，向心力和民族倫理文化的發展具有特殊的意義和價值的重要。

二、節日喜慶休閒倫理的主要內容

首先，孝老愛親。「孝」是中華民族的優良傳統，這種休閒倫理規範在節日的慶祝活動中有體現。在我國古代節日中，尊敬長輩是節日的中心，充分顯示出中華民族對長輩的敬重。中國傳統節日節慶活動中的倫理規範主要體現在三個方面：第一，在基本的禮節方面。長輩要在節日中送上對長輩的祝福，比如在春節的時候，晚輩要給長輩拜年，祝自己的長輩福壽安康，生活幸福；青年男女結婚時，男女雙方要對父母雙方行跪拜之禮，還要為他們奉茶；第二，送長輩生活物資。比如在節日慶典時，晚輩要為長輩購買一些禮物，或者贈送他們喜慶的東西，比如中秋節的時候為長輩送月餅，春節為長輩買新衣服等；第三，為長輩提供情感慰藉。長輩不但需要一定的物質水平，更需要的是晚輩的尊重和貼心的關懷。所以在節慶期間，晚輩要一一拜訪自己的長輩，陪他們說說話，聊聊天，以滿足長輩的心理需求。

其次，闔家團圓。傳統休閒倫理規範的另一內容就是團圓，中國古代的人們向來重視血緣親情和家族和睦，主要表現在洗清潔日的時候家庭成員的團圓、敬愛、以及共享天倫。首先，在喜慶節日的時候，親朋好友紛紛趕回家與親人團聚，尤其是在中秋節和春節中最為明顯。其次，親朋好友的慶祝活動要遵循傳統的節日方式來慶祝，增進相互的感情，例如除夕夜的年夜飯、中秋的賞月、重陽節的登高等。再次，人們由於對團圓的重視，所以會增進人們的情感，使這種節日的快樂不斷向外延伸。〔註1〕

再次，慎終追遠。中國某些傳統節日是為了表達對先人、對英雄人物的緬懷與祭奠，所以這些節日的倫理規範具有很重要的意義：一是對死者的悼

〔註1〕 向建州：《休閒倫理的四大基本理念》，《倫理學研究》2013年第4期。

念，表達對先人的悼念和敬仰之情；二是後人向先祖表達感恩，維護自身家族的榮譽，體現富有中國古代特色的親情關係。節日中的清明、重陽等等，人們掃墓、登高、思念，這一些都意在緬懷先祖，對先祖的養育表以感激。

最後，繼往開來。在追憶前人功德的基礎上繼承前人的事業，開闢未來的道路。一代人有一代人的使命和職責，一代人有一代人的建樹和創造，每一代人都要上對得起祖先，下對得起子孫，千萬不能吃祖宗飯，斷子孫路。承前啓後、繼往開來標誌著每一個人都是代際統系中的一個成員，必須作好上傳下達的交接工作，以無愧於前輩逝者和晚輩來者。

第二節　遊戲娛樂休閒倫理

在人類社會中，遊戲娛樂不僅僅是愉悅身心的活動，而且也是爲了自身發展的需要所進行的創造性活動。諸多遊戲娛樂活動需要人類的開發和創造，具有在創造中享受和在享受中創造的雙重功能。一些比較益智健腦的遊戲活動，還要求多人參與，考驗著參與者或體驗方的團結合作與忠誠友善。

一、遊戲娛樂的生命價值意義

人類需要遊戲娛樂，如同人類之需要生活。生活的豐富性和多樣性包含了遊戲娛樂方面的內容。遊戲娛樂是健全身心、豐富人際關係和展開豐富想像空間、活化腦力運轉等的有效載體或手段。

遊戲包括智力遊戲和活動性遊戲等類型，各種棋類含圍棋、象棋、軍棋，牌類（撲克牌、紙牌、橋牌）、麻將等均屬於智力遊戲類型，而追逐、接力及利用球、棒、繩等器材進行的活動則屬於活動性遊戲。中國傳統休閒文化中遊戲娛樂的內容既豐富又廣泛，有文人雅士比較鍾愛的踏青、遊山水等，也有受社會大眾所青睞的放風箏、鬥雞、踩高蹺等；還有受到兒童喜歡的騎竹馬、滾鐵環以及青年男女喜歡的對山歌活動。可以說，中國傳統休閒文化中的大部分內容和形式都包含在民俗遊樂之中了，共同組成我國的休閒文化。這些休閒活動適用於不同的社會階層，帶有鮮明大眾特徵。民俗遊樂活動儘管很普通，可是卻大眾化、平民化，受到人們的普遍歡迎，體現出鮮明的休閒倫理精神。現代游戲發展迅速，遊戲形式和內容不斷創新，給人們的休閒生活提供了較多的選擇機會。如網絡遊戲、策略遊戲等。此外，傳統的撲克牌、橋牌、圍棋、象棋、軍棋、麻將等依然是現代遊戲娛樂的主要方式。

二、遊戲娛樂休閒倫理要求

首先，保護自然環境。人們在與大自然親密接觸的過程中愉悅身心，能夠實現自然與人類的統一，體現出尊重自然的價值觀念。人們通過民俗遊樂活動釋放自己的壓力，實現「天人合一」的美好境界。所以人類的休閒活動一定要不破壞自然環境，創設更多的健康、自然的休閒環境是傳統休閒文化倫理規範的重要內涵。

其次，創新內容和形式。爲了滿足休閒活動和行爲的物質需要和精神需要，人們在完成農活的空餘時間裏總是想方設法增加休閒的內容以及休閒途徑，如創作手工藝品等。體現在休閒物質中，人們製作很多應用於休閒活動的東西，如陀螺、風箏等。體現在休閒精神中，文人學子紛紛利用遊玩時間創作出優秀的文學作品，以適應人們的評論需要以及文化水平的提升。無論是休閒工具，還是休閒文藝創作，都屬於休閒文化在民間藝術中的重要體現，是中華民族千百年來傳承下來的重要遺產，體現了中華人民勤勞、創新、熱愛生活的傳統美德。

最後，團隊意識與合作精神。人們在進行休閒活動，例如舞龍、鬥獸、作畫或者吟詩等行爲中，一方面是需要人民發揮團隊精神，另一方面這些活動也有助於促進文化藝術的發展和創新。人們在輕鬆的休閒文化環境中，可以進一步提高競爭的深度和廣度，而且人們也可以通過競爭來提高自身實力，進而提升自己的交際能力和道德修養。

第三節　體育健身休閒倫理

體育同遊戲娛樂一樣，是當代人休閒的主要方式，古以來就受到人們重視。在孔子提出的六藝即「禮、樂、射、御、書、數」中，就有兩項涉及到體育方面。其實孔子並非一個文弱書生，而是一個射藝很高，極爲重視體育健身的人，正如《禮記・射義》中所言，「孔子射於矍相之圃，蓋觀者如堵牆」。到了宋代時期馬球、蹴鞠、相撲以及各種遊戲等都已成爲當時百姓的休閒娛樂方式。

一、體育健身的倫理意義

帶有鮮明個性特徵的社會個體是體育健身休閒的主體。體育健身休閒使人能夠在一定時間內脫離工作以及創造活動，根據自己的興趣或者願望選擇自己

喜歡的休閒健身行為，從而使社會個體獲得他人無法體驗的個性化自我體驗。必須承認，體育健身休閒中的個體與個性是完整、平衡與緊密的聯繫。體育健身休閒有效抵制了社會個體被「異化」或者「物化」的現象，追求以自我生存為目的的全面放鬆與悠閒，使社會個體能夠面對自我，進而深層地體驗自我以及享受自我，這樣，社會個體能夠以全新的形象來塑造自我。體育健身休閒能夠使個體在輕鬆的環境中感受到自己的價值，從而不斷完善自我、實現自我。體育健身休閒活動不是單純為滿足人的物質需要，它的目的是使人感到充滿力量，享受生命。〔註2〕體育健身休閒的主要目的是強健身體，娛樂身心。

體育健身休閒所具有的娛樂性受制於體育項目的自身特徵。體育健身休閒不像競技體育那樣充滿激烈的競爭，可以消除因為失敗而產生的消極情緒。體育健身休閒者不必擔心自己肩上承擔的責任，所以他們感受不到任何精神領域以及生理領域中的壓力。體育健身休閒自身帶有很明顯的趣味性，因此能吸引好多愛好者前來。〔註3〕體育健身休閒者有利於實現自身身心的健康、統一。至於身心健康的和諧統一，亦即個體在體育健身活動中身體活動與心理活動相互促進、相互協調，共享其帶來的輕鬆愉悅。換句話說，人們通過體育健身休閒運動來獲得愉悅的心理情緒，而愉悅的心理情緒又反過來促進身體的健康。對體育健身休閒活動來說，最根本的價值是使人們通過健身休閒活動來強身健體，平衡人的心理；愉悅的心情反過來促進身體健康，也是體育健身休閒的內容。〔註4〕人們參與體育運動時，是否擁有主動性，所產生的鍛鍊效果一定會存在很大的差異，如果人參與體育運動時沒有相應的主動性，就不會從體育運動中獲得愉悅的感覺；而人們主動參與的體育項目，往往能夠帶給人更多的愉悅體驗，而且人在愉悅心理的狀態中，能夠大大增加生理承受能力。人們通過體育健身休閒運動，自由選擇自己感興趣的項目，主動參與其中很容易能夠獲得愉悅的心理狀態。也恰恰因為如此，體育健身休閒運動才會充滿活力。」〔註5〕一般認為，體育健身休閒倫理是以體育（通常指身體活動）為中心而形成的各種各樣的倫理關係，以及協調這些關係所形成的相應的倫理意識與倫理行為。

〔註2〕 金川江：《從遊戲到休閒：對休閒體育發展歷程的多重解讀》，《吉林體育學院學報》2011 年 4 月。

〔註3〕 胡春蘭、趙仙偉：《論休閒與休閒體育》，《體育與科學》2003 年 5 月。

〔註4〕 參閱：胡春蘭、趙仙偉：《論休閒與休閒體育》，《體育與科學》2003 年 5 月。

〔註5〕 參閱：胡春蘭、趙仙偉：《論休閒與休閒體育》，《體育與科學》2003 年 5 月。

二、體育健身休閒倫理要求

　　體育健身休閒倫理是當代休閒倫理的重要類型，有著自己獨特的倫理價值和要求。

　　首先，節制有度。節制有度指的是人在養生活動中或保健活動中要飲食適當，有節制，有計劃，不能鋪張浪費。儒家傳統思想中的知足常樂思想就是節制有度的體現。孔子在自己的言談中多次提到過這以觀念，如：「飯蔬食飲水，曲肱而枕之，樂意在其中」、「君子食無求飽，居無求安」〔註6〕等，這些思想從觀念和心理兩個角度出發，對中國人的養生保健進行指導，充分顯示了節制有度的觀念在中國傳統休閒倫理文化中的反映。

　　合理休閒就是適度休閒，與節儉有異曲同工之妙，它不同于禁欲主義，也不屬於享樂主義。可是，我國的體育健身休閒在很大程度上被西方休閒主義所影響，部分社會成員為了抬高自己的身份，顯示自己的財富或者社會地位，在選擇休閒活動時向奢侈休閒或者高檔休閒的方向靠攏，所以，在我國體育健身休閒蓬勃發展的過程中，我們要從國情和實際出發，積極倡導適度休閒，做到儉而有度，合理休閒，體現物質需求和精神需求的和諧統一；要堅持以人的正常需要為出發點，以人的健康生存作為目標，逐步減少盲目超前休閒，提倡節儉的休閒意識，反對過度休閒。

　　其次，公正平等。享受體育健身休閒活動是小康社會人們的基本權利，也是社會公平的一個重要方面。在追求公平正義的要求下，休閒權是基本人權之一，防止出現較大的休閒差異出現，強調保護每一位社會個體的生存權，尤其是保護社會中處於弱勢地位的群體。然而，由於我國尚處在社會主義初級階段，經濟還不很發達，各項政策還不夠完善，社會各層在享受體育健身休閒上出現了不平等現象。隨著社會的發展，各階層貧富差距逐漸拉大，體育健身休閒受到了階層分化的負面影響。富有階層為了表達自己與社會中下階層的區別，往往傾向於能體現身份地位的高檔化休閒。由於社會上的弱勢群體社會轉型過程中享受不到體育休閒的公平權利，體會不了體育健身休閒所帶來那份榮耀，勢必會產生強烈的失落感。因此，我們要以當代中國社會分層為根據，提倡面對大眾的體育健身休閒模式，不鼓勵或限制少數人的高休閒、超前休閒及畸形休閒；政府要綜合考慮社會不同階層對體育的具體要

〔註 6〕安雲鳳，經濟全球化下中國傳統家庭消費倫理觀的擅變〔J〕，倫理學研究，
　　　　2003：45。

求，力爭提供多樣化的休閒服務和休閒產品，以滿足不同社會階層的存在，另外，政府也要保證這些休閒服務或者產品具有環保性。

休閒是人人都應該享有的權利，這不僅是人人生而平等的表現，而且是人道主義與貴生原則的彰顯。從理論上來說，社會主義中國已經拋棄了男尊女卑等封建制度，確立了人人平等的法制觀念，但是從現實層面來看，人人並非真的生而平等，一小部分人在上帝賦予其生命之初就注定失去了很多，他們從出生的那一刻就決定了人生的不平等。他們也許不能看到陽光的明媚，也許不能隨意的蹦跳，也許不能像一般人一樣擁有正常的思維。我國早在 1985 年 6 月 17 日就成立了中國弱智人體育協會，即中國特奧會，從而改變了弱智人群自發的、零散的、無系統的體育活動之現象，邁出了休閒體育追求公平正義的第一步。但是這還遠遠不夠，需要政府和社會給予更多的關注和支持，以建立更多設施與場所供殘疾和智障人群開展體育健身休閒活動，從而真正享受人人平等的體育健身休閒權。

再次，以德健身。傳統養生保健活動要重點體現在精神層面上，所以加強道德修養，提高道德水平，塑造良好的心境是首要任務。在儒家思想中，「養生」與「修神」之間存在千絲萬縷的聯繫，孔子曾經說：「愛其死以有待也，養其身正以有為也，其備豫有如此者。」〔註 7〕孟子說：「天壽不二，修身以俟之。」〔註 8〕很顯然，在儒家思想中，養生更是一種道德上的責任，加強道德修養比提高身體素質更要重要。孔子的「志於道，據於德，依於仁，游於藝〔註 9〕。」觀點說明個人道德水平的高低屬於休閒文化的重要內容。儒家思想的修身養性的保健思想對於傳統休閒文化的發展產生了積極的影響。在佛教中，佛家認為先提高道德修養，之後再保健養生，其關鍵是修心，修心必先除惡，心一旦有惡，身體便會隨之惡之。佛家思想認為一個有高尚道德情操的人才是一個心理健康的人，同時也認為疾病的發生常常是與不良的道德行為有關係的。〔註 10〕

最後，簡單生活。簡單生活是養生保健的重要思想，充分體現了順應自然、調養身心的道德要求。按照傳統中國的飲食傳統，人們在飲食時應該以清淡為

〔註 7〕 丁鼎，禮記解讀〔M〕，北京：中國人民大學出版社，2010：584。
〔註 8〕 朱熹，四書章句集注（孟子·盡心上）〔M〕，長沙：嶽麓書社，2008：477。
〔註 9〕 朱熹，四書章句集注（論語·述而）〔M〕，長沙：嶽麓書社，2008：128～129。
〔註 10〕 向建州：《休閒倫理的四大基本理念》，《倫理學研究》2013 年第 4 期。

主，不能養成口味重的不良飲食習慣。《呂氏春秋》之《重己》中提到，善於養生的人「不味眾珍」的，因為「味眾珍由胃充，胃充則大悶，大悶則氣不達」〔註11〕，無節制地吃飛禽走獸會影響身體健康。〔註12〕道家認為一味的追求美食或者飲食過度都不利於人們的身體健康。中國傳統養生保健精神，不管是對人自身來說，還是對於動物來說，都具有很高的倫理價值。〔註13〕節儉是我國的傳統美德之一，它在物質生產高度發達的現代社會更是具有空前的重要意義。節儉並不是對人的正常的生活需要進行抑制，而是人們在享受生活中更加理性、自然。

第四節　旅遊觀光休閒倫理

旅遊觀光休閒是人類活動的一種特殊方式。隨著經濟的發展，人們生活水平的提高，旅遊觀光休閒在人們生活中扮演著越來越重要的角色。越來越多的人們選擇外出旅遊觀光休閒。

一、旅遊觀光休閒的倫理意義

旅遊觀光是人們通過旅行去遊覽名勝古蹟、名山大川以及文物勝景藉以擴展閱歷、開闊心胸、豐富知識和健全身心的休閒活動。世界遊樂組織於 1980年對旅遊的定義進行了界定，「在非移民以及追求和平的前提條件下，為了實現經濟、文化、個人的發展或者增加人們之間的瞭解程度而進行的旅行。」〔註14〕古人云，「讀萬卷書，行萬里路」，多見多聞、見多識廣是旅遊觀光休閒的直接倫理意義，而其間接倫理意義則在於開闊心胸、健全身心和提升生命質量。旅遊觀光休閒是兼具運動和休閒性質的人類活動，它迎合人的生存需要，尤其是人的精神需要，有利於彌補現實生活對人的精神發展造成的傷害。

人類的物質水平到達一定程度後，通過合理的制度以及文化價值的指引，實現適度運動、積極休閒，這意味著減少人類對於自然的物質變換，減

〔註11〕呂不韋門客編撰，呂氏春秋全譯〔M〕，北京：人民出版社，2009：7。
〔註12〕向建州：《休閒倫理的四大基本理念》，《倫理學研究》2013 年第 4 期。
〔註13〕向建州：《休閒倫理的四大基本理念》，《倫理學研究》2013 年第 4 期。
〔註14〕參閱劉海鷗：《旅遊倫理論綱》，《湖南師範大學社會科學學報》2007 年第 2 期。

輕人類勞動對於生態環境與資源的衝擊與壓力。當「要生存，不要佔有「的
理性價值觀逐漸深入人心，建立在這種理性價值觀基礎上的制度就會成爲人
類社會的基本生存方式，而人類就會逐漸消除人與自然相處時表現出來的破
壞性和盲目性，從而會以更加自覺的態度來控制和處理人與自然的關係，選
擇更爲科學合理的休閒方式，在人類與自然之間建立和諧發展的關係。

二、旅遊觀光休閒的倫理要求

人們的旅遊休閒也帶來了諸多倫理問題。在旅遊觀光休閒活動中，人們
與自然界、與文物古蹟、與旅遊目的地以及與各種不同的人群發生了密切的
關係，這些關係的處理有其自身的倫理要求。遵循相應的倫理要求，做一個
文明的旅遊者或觀光者，是旅遊觀光休閒倫理的重要內容。

1. 關愛自然

人是自然中的重要組成部分。人與自然進行接觸的時候，不能以破壞性
或者盲目開發的態度對待自然。「如果將自然和人看做一對矛盾體，人和自然
就會出現道德意義，人與自然之間就可以建立起倫理關係。」〔註15〕人與自
然的和諧是和諧旅遊觀光休閒倫理的一項基礎工程，人是自然世界的一部
分，親近自然是本性使然，旅遊觀光休閒動力來自優美的自然環境與良好的
生態環境。也就是說，旅遊觀光休閒資源的保護在構建和諧旅遊觀光休閒中
尤爲重要。旅遊觀光休閒資源的持續利用取決於人與自然的和諧。隨著旅遊
觀光休閒的發展，許多國家和地區都在大力發展旅遊，一方面發展了國內經
濟，另一方面滿足了遊客的需求，但同時也帶給當地旅遊資源巨大的壓力。
旅遊觀光休閒文化資源遭到破壞，隨著外地旅遊者的到來和商業文化的侵
襲，人們的心態越來越功利，結果導致旅遊景區忽視歷史文化，失去了當地
特有的精神家園。正如利奧波德所言，人類無約束的旅遊觀光休閒，會給自
然環境帶來災難。旅遊觀光休閒活動會破壞地表和土壤、動植物、水體、大
氣、環境衛生和景觀，乃至地球生態系統。旅遊觀光休閒者的足跡已經遍佈
到了地球的每個角落。我們已經認識到，旅遊觀光休閒面臨著一個嚴峻的抉
擇：是立即採取行動保證旅遊業的可持續未來，還是坐等觀望，任環境和經
濟的衰退毀滅其賴以生存的資源。

針對旅遊觀光休閒景點的環境污染和破壞，「在處理人和自然的關係上，

〔註15〕韓健：《旅遊倫理關係探析》，《經濟研究導刊》2009 年 6 月。

要求人們尊重自然、保護環境，確保旅遊的可持續發展。這一倫理規範要求人們提高環保意識和生態意識，科學認識人與自然的關係以及人類在生物圈中的地位，強調生態文明、人際平等以及人文生態價值取向。」〔註 16〕為了確保旅遊的可持續發展，人們在旅遊觀光休閒活動中，「應當重新認識人與自然的關係，自覺把自身置於整個生物圈相互依存的網絡中，應用旅遊觀光休閒道德規範約束自己的行為，積極主動地促進生態系統的良性循環」〔註 17〕，從而形成環保旅遊、生態旅遊，變過去那種征服自然、改造自然的態度和做法為尊重自然、保護環境的行為，在旅遊觀光休閒活動中珍惜和愛護動植物資源，敬畏生命，尊重動植物和有機物作為生態系統的有機組成部分所具有的自身地位和價值，為建設生態文明而貢獻自己的力量。旅遊觀光休閒要求正確和處理認識人與人的關係，在關注代內公平的同時更多地關注代際公平，堅決糾正竭澤而漁、殺雞取卵式的不道德行為，給子孫後代留下一個美好的地球和自然資源。

2. 尊重歷史

人是社會歷史發展過程中出現的，所以尊重歷史本身就是對人自身價值的尊重。現代觀光休閒旅遊的過程就是人們通過觀察景觀，對過去進行反思，從而對未來產生強大創造力量過程。很多旅遊資源具有很強的人文性，如歷史古蹟、世界遺產，大多具有唯一性和不可再生性，積澱著人類最深刻最豐富的歷史記憶，是全人類共同的寶貴財產和文化資源，必須而且應該理應受到人們的尊重和保護。即便一些新開發的旅遊休閒景區，也會從此成為歷史，能夠體現出當代歷史文化，所以人們也應當對其尊重。

人們在遊覽名勝古蹟的過程中能夠更深刻地瞭解歷史，感悟歷史，獲得獨特的而歷史體驗，從而產生愉悅的心理情緒。無論是從吸引更多的旅遊觀光休閒者的角度來考慮，還是從尊重歷史的角度來考慮，我們都應該尊重這些集中了歷史文化的文物古蹟，保護它們不受損耗。旅遊觀光休閒者參觀名勝古蹟，能夠在一定程度上支持和保護歷史文化遺產，但是如果這些名師古蹟遭到破壞，這些文物古蹟的歷史價值就會下降，慕名而來的旅遊觀光休閒者就會越來越少，降低旅遊經濟效益。因此旅遊觀光休閒者一定要尊重歷史，尊重旅遊地的文化傳統，保護當地的文化遺產，提倡文明旅遊，保證旅遊資

〔註 16〕劉海鷗：《旅遊倫理論綱》，《湖南師範大學社會科學學報》2007 年第 2 期。
〔註 17〕劉海鷗：《旅遊倫理論綱》，《湖南師範大學社會科學學報》2007 年第 2 期。

源的持續利用和發展，才能滿足子孫後代旅遊觀光的合法權益，造成代際公平。

可是，寶貴的歷史文化資源正在隨著旅遊觀光休閒活動的開展而日漸被破壞。景區內添加了很多現代化的服務設施，毀壞了景觀的協調性，景觀的歷史文化意義逐漸消退；部分旅遊者在旅遊過程中表現出很不文明的行爲，如隨意拍照、攀爬、亂塗亂畫等，使文物古蹟遭受嚴重的破壞。《全球旅遊觀光休閒倫理規範》在 1999 年 10 月召開的世界旅遊組織第十三屆大會上順利通過，《規範》規定，制定旅遊政策或者開展旅遊活動時以尊重的態度對待文化遺產、文物古蹟，保護這些遺產不受損害；對於那些紀念物、博物館以及歷史遺蹟等，對旅遊者開放過程中更需要精心來保護；接待遊客所獲得的部分資金，應當用於遺產的保護、維護以及開發；規劃旅遊活動時應當爲傳統文化產品、民俗提供生存的空間，不能使其處於排擠狀態。〔註 18〕

3. 尊重他人

尊重他人是旅遊觀光休閒倫理關係中處理人與人關係的內在要求。在旅遊觀光休閒過程中，不特有熟人之間的關係，而且也會與陌生人發生各種關係。應當糾正對熟人講道德而對陌生人不講道德的行爲習慣，學會對陌生人以禮相待，給予必要的關心與幫助，從而建構起一種相互尊重、相互關心、彼此融洽和諧的新型人際關係，是旅遊觀光倫理建設的重要內容。創建輕鬆活潑的人家關係，需要每一個社會個體加強自身道德修養，也需要社會個體之間相互尊重、互助互愛。人們在進行旅遊觀光休閒活動時，如果人與人之間能夠互相尊重、寬容、忍讓，這會構建出一幅展現現代人道德風尚的美好圖畫。儘管這些只不過是旅遊休閒活動中的一件件小事，卻帶有濃重的倫理色彩以及崇高的道德修養，這也必定會加強旅遊觀光者在旅遊觀光休閒活動中的美好感受和良好的道德體驗，有利於人們道德人格的昇華，從而有利於實現人類精神的振奮、靈魂的淨化，展現出社會良好的道德風貌。〔註 19〕

在旅遊觀光休閒活動中，遊客與當地居民之間的關係分重要。在我國古代很早就有「入境而問禁，入國而問俗，入門而問諱」的說法，也就是要入

〔註 18〕 世界旅遊組織：全球旅遊倫理規範，張廣瑞譯，旅遊學刊，2000 年第 3 期。
　　　　　參閱李樹峰、王潞：《基於旅遊倫理的旅遊可持續發展》，《學術界》2008 年10 月。
〔註 19〕 劉海鷗：《旅遊倫理論綱》，《湖南師範大學社會科學學報》2007 年第 2 期。

鄉隨俗，尊重當地人的風俗習慣。這一要求不但使旅遊觀光休閒者必須具備的基本道德規範，同時也體現出旅遊休閒者的道德水平。所以，遊客一定要以尊重、理解的態度處理與當地居民的關係，這一點也是旅遊觀光休閒倫理中的重要內容之一。

另外，也要妥善處理旅遊組織者與旅遊觀光休閒者的關係。旅遊組織者要為旅遊觀光者創設良好的旅遊條件，還要誠實為本，守法經營，與旅遊觀光者建立互相尊重、互相信任的關係，推動旅遊經濟的發展，改善社會道德風氣。

4. 自尊自愛

人們在觀光旅遊休閒活動中要妥善處理自我關係，就是通常所說的身心關係。在古代傳統旅遊觀光休閒倫理思想中，孔子在「比德」說中提出「知者樂水，仁者樂山。知者動，會者靜。知者樂，仁者壽」，提倡仁人君子應該熱愛山山水水，從山水中陶冶情操，淨化心靈，昇華人生。老子的「上善若水」與莊周道家的返樸歸真、獨抒性靈的旅遊觀光休閒倫理取向，也倡導人們在旅遊活動中抒發個性，求得旅遊的審美快暢與身心愉悅，使旅遊者遠離塵囂，返樸歸真。事實上，人們在旅遊活動中，如吃、住、行、遊、購、娛等環節中，不僅體會到物質世界的幸福，而且享受了旅遊景觀與當地文化所帶來的精神世界的陶醉。身心關係處於和諧的狀態，人的物質世界和精神世界也就實現了平衡，能夠為旅遊觀光休閒活動的開展以及提升旅遊活動的品質提供基本條件。

現代旅遊觀光休閒活動有利於人們暫時脫離日常生活的壓力，有利於放鬆休閒者的身心，而且對遊客來說，如果處在一個相對陌生的人際環境中，人們的道德自律行為就會弱化，容易產生放縱自己甚或不講道德的行為，造成「一失足成千古恨」的惡果。人如果處在陌生的環境或者看不見熟人的地方就會表露出一些人性中不好的行為，就連生活中具有一定道德修養的人也可能會做出破壞旅遊資源的行為。因此，在旅遊觀光休閒過程中，旅遊者的自律和「慎獨」尤其顯得重要。唯有堅持自律和「慎獨」，自尊自重、自愛自保，才能保全自己的道德人格，堅守自己的道德信念，成就一個身心健康的自我。

第五章　休閒倫理與幸福生活

　　休閒倫理與人們的幸福生活有著最為密切的聯繫。在休閒中品嘗幸福，在休閒中感受幸福，在休閒中創造幸福，幸福是休閒生活追求的目標，也必須借助於休閒與享受表現出來。幸福的主體性體驗和個體性感受都需要休閒，儘管勞作也是幸福的展現形態，但比較而言，幸福生活大量地依賴於休閒。休閒倫理在提升幸福生活指數起著獨特而重要的作用。全面提高人們的幸福生活指數，還要求降低過勞死比率，發展幸福導向型產業，使人們在休閒倫理的陶養中發展起身心健康的倫理品質和人格。

第一節　幸福是人生追求的目的和意義狀態

　　幸福，是人們在社會生活實踐過程中，由於感受到人生目標和價值的實現而形成的一種精神上的滿足與愉悅狀態。幸福是一個兼含目的和過程的復合性概念。作為人們對生活的感受和評價，幸福不是評價生活中某一偶然因素引起的暫時的愉快和滿足，而是對生活的一定階段或者全部生活作出的總的評價，因而幸福的概念是和人的生活意義緊密聯繫在一起的。幸福包含了對人生目的、意義和價值的深刻理解，對幸福的認定和追求過程，就是自覺追求人生意義和價值的過程。

一、幸福是人生追求的目的

　　人類是宇宙中最寶貴的，能創造一個外在的五彩繽紛的物質世界，同樣也能創造浩瀚無盡的精神世界，可創造了一切的人類自與猿相揖別以後，就

一直在苦苦追尋著一個永久的生活目標和理想——幸福。當我們降生到這個世界，大多數人們終其一生都在苦苦冥想爲什麼活著？幸福是什麼？如何才能獲得眞正的幸福？正如歐文說的，人類的一切努力的目的在於獲得倖福。幸福是人的目的性自由實現的一種主體生存狀態。人們在爲理想奮鬥過程中以及實現了預定目標和理想時感到滿足的狀況和體驗。

對於幸福的嚮往和追求是人類與生俱來的傾向性，也是人類的內在需要和永恒衝動。這是因爲，人類需要幸福來支撐自己的價值追求，成就人之所以爲人的各種屬性。幸福與滿足人自己的各種需要密切相關，同時也與其創造物質生活財富和精神生活財富有著內在的關聯。人類在對幸福的永恒追求中不斷發展、不斷超越和不斷進步。幸福既成就了人自身又不斷促使人類不斷發展不斷完善。人類的文明史或者可以說就是一部對幸福的追求史，一部通過對幸福追求而不斷探究人的存在意義、存在方式、存在內容的反思史，一部自覺追求幸福、創造幸福的能動實踐史。通過幸福，人確證了自己的價值存在；在追求幸福中，人感受到了生命的充溢和可貴；借助對幸福的體驗和評價，人又發展起自己新的目標和價值追求。因此，幸福賦予人以創造的激情，給予人以前行的動力，促使人超越現有的局限，使人實現自己又不斷豐富自己。

在人類思想發展史中，很多著名的哲學家和思想家都對幸福作出了自己獨特的理解。「幸福是生活的根本目的。」生活的目的存在於生活本身，如果試圖在生活之外尋找一個目的，生活本身就可能被扭曲。然而，「什麼是幸福？」卻是一個極難回答的問題。幸福感是具有強烈主觀性的體驗和感受，在很大程度上不受外在條件制約，同時又難以用語言來言說。惟有如何選擇幸福生活，亦即選擇什麼樣的生活方式才是可以被理性所把握的，也才是關涉幸福的核心問題。

二、幸福是人對願望達成時的感受和評價

幸福是人對願望或目的達成時的感受和評價。願望或目的不同，人對幸福的感受和評價就會不同。因此，幸福是因人而異，因時而異的。不同的人幸福不同，同一個人不同時期幸福也有不同。對於大多數人來說，他們認定自己有多幸福，就有多幸福。古希臘哲學家亞里士多德指出：大多數人追求的生活目的是幸福，但什麼是幸福，「不同的人對於它有不同的看法，甚至同

一個人在不同時間也把它說成不同的東西：在生病時說它是健康；在窮困時說它是財富；在感到了自己的無知時，又對那些提出他無法理解的宏論的人無比崇拜。」〔註1〕幸福同某個具體的目標達成所產生的主觀感受和評價密切相關，因此幸福是一個倫理學和價值論範疇，不同的幸福感是由對價值的不同認識以及人如何實現價值、成就自身而形成的。

　　從倫理學意義上講，幸福既是主觀的，又是客觀的。說其是主觀的，是因為幸福主要是一種感覺或精神體驗，它會因人的主觀因素的不同而千差萬別。同一個環境和社會條件，不同的人有不同的感受，有的人可能會感到很幸福，有的人可能會感到不夠理想，有的人甚至會感到是一種痛苦；說其是客觀的，因為幸福的起因，創造過程，實現過程都需要依賴於客觀世界的客觀物質，也會受到客觀的社會傳統文化影響。因為主體客觀的──人的主觀現狀、知識、閱歷人生觀及其世界觀不同，所以幸福的具體目標要求千差萬別，實踐的物質條件和過程也會各盡不同；而，主觀的知、情、意、智對於幸福引起，實現和感覺變化更是會有很大的很微妙的影響！故而出現中西方人的不同幸福，古今不同的，同一時期統一社會裏各類人不同的幸福。人的健康永遠排在最重要的地位，哪怕是一個乞丐，只要擁有健康，也一定會比一個身染重病的帝王要幸福得多。健康的身體能夠產生良好的脾氣秉性以及對事物良好的理解力、活躍的思維能力，此外，還產生節制有度的生活欲望等，這些都是財富或者地位所不能取代的。對任何人來說，它的良好內在素質要比他所有的財富以及高高在上的社會地位重要得多。如果一個人具有很豐富的內心世界，那麼即使在他獨自一人的時候，仍然會沉浸在自己的內心世界，從中感悟到生活的樂趣；與之相反，如果一個人的內心很空虛，無論通過怎樣的休閒娛樂手段也不會徹底消除無聊和寂寞。善良、誠實、道德修養高的人。哪怕是身處逆境也能夠從容面對；貪婪、自私、內心骯髒的人哪怕擁有山一樣多的財富也會覺得不滿足，所以人是否幸福的關鍵在於人的內在素質。正是因為如此，大部分人的內在素質都不是很高，因此當他們不再為生活而苦苦掙扎的時候，他們往往會感到很失落，並沒有絲毫的愉悅情緒產生，與當初為了生活苦苦奮鬥的情形沒有什麼差別。由於他們的空虛、精神意識的貧乏，使他們不得不投入社交中，以排解內心的無聊。而他參加的

〔註1〕　〔古希臘〕亞里士多德，尼各馬可倫理學〔M〕，廖申白，譯，北京：商務印
　　　　書館，2003：9。

社交圈子成員也是與他情況類似的人，正所謂「物以類聚」。他們放縱自己的感官，極力追求物質生活的享受，但是最終一定會以荒唐的結果而結束。其實出現這種顯現的根源就是人們內心的貧乏，精神上的極度空虛。德國哲學家叔本華曾經說：「外在的幸福遠不如內心的福祉。」「人最為高尚最豐富多彩的永恒的快樂是心靈的快樂。」外在的東西很多都是我們無法把握的，「人生不如意事十常八九」，作為一種「事件」，對於我們是一種客觀的外在，很多我們無法改變。叔本華認為：「人生客觀的部分掌握在命運之神手中，它會因情況變化而發生變化，而主觀部分則掌握在我們自己手中，在本質它是永遠不會改變的。」

三、幸福的滿足與獲得離不開德性的支撐

古希臘哲學家柏拉圖認為，美德是人獲得倖福和擁有幸福的關鍵。只有具有美德的人才可能真正擁有並感知到幸福。因此，每個人「不論在私人生活中，或在公共生活中，都應該拋開一切，先追求德性的實際。」柏拉圖微笑著告訴人們，「請跟從我，我將領著你達到生前死後的幸福之鄉。」〔註2〕

亞里士多德在《尼各馬科倫理學》中認為，幸福雖然與三種元素緊密相關，即健康的身體、適度的財富和美好的德行，但比較而言，真正的幸福在很大程度上取決於人的德行。「幸福即是靈魂合於德性的現實活動。品質的現實活動是必然要行動，而且是高尚地行動。」〔註3〕在亞里士多德看來，幸福是人的靈魂合於德性的活動，只有在德性的庇護和支撐下，人才可以感受到幸福的存在。幸福不是外在善的實現，而是人的德性的充分實現。不僅創造幸福需要德性，感受幸福也離不開德性。亞里士多德所說的德性，在某種意義上就是指能使自身生活得好並使人性得以完善的能力，幸福就是運用這種能力並發展這種能力的實踐活動。

中國歷史上的孔孟儒家提出了類似於柏拉圖、亞里士多德的德性主義幸福論。孔子推崇仁義道德，並且認為一個心中裝有仁義道德的人，只會感受到人生的可愛，生命的可貴，他會超越物質生活的層次而享受到精神生活的快樂。孔子自述自己的的人生因為崇尚德性，故有一種「樂以忘憂，不知老

〔註2〕 參閱周輔成編：《西方倫理學名著選輯》上卷，北京：商務印書館1964年版，第212頁，213頁。

〔註3〕 〔古希臘〕亞里士多德，尼各馬科倫理學〔M〕，苗力田譯，北京：中國社會科學出版社，1990：13。

之將至」的幸福之感，雖然物質生活條件簡陋甚或不好，如「飯蔬食飲水，曲肱而枕之，樂在其中矣。」孟子倡言的君子之樂，更是建築在德性的基礎上並以德性為旨歸。他主張與人同樂，並認為只有與人同樂才能獲得真正意義上的幸福。所以「獨樂樂不如眾樂樂」。「樂民之樂者，民亦樂其樂」。宋代理學家主張尋找孔顏之樂，認為孔子、顏回的快樂即是一種崇尚德性的快樂，是一種由德性而帶來的快樂，因德性而不斷加強的快樂。朱熹有詩云：「勝日尋芳泗水濱，無邊光景一時新。等閒識得東風面，萬紫千紅總是春」。這是一種由心而生的幸福，只有培育高尚的道德情操，鍛鑄高尚的道德品質，才能擁有這種幸福和感受這種幸福。

第二節　休閒倫理對幸福生活的意義

　　作為能夠對多種生活方式兼容並包的休閒，以精神文化生活的豐富性、多元化和幸福生活為旨趣，直接關涉人生的幸福。它是人的身心得以更新、再生的過程，也是創造和技術生成的土壤，與人的價值目標的實現密切相關。〔註4〕

一、休閒倫理是對健康生活方式的理性追求

　　休閒倫理是對健康生活方式的理性追求，亦即使休閒活動納入道德的軌道，按照休閒道德的要求進行。人的休閒生活和休閒活動呼喚道德，只有遵循道德的指示，依憑道德的要求開展的休閒活動與休閒生活才具有積極而健康的意義。何謂健康的生活？健康的生活是依據理性原則而具有理性的生活，理性原則是一種使人超越於衝動和情慾進到客觀冷靜判斷世間各種事物和行為的倫理原則，其基本要義是彰顯人的社會本質，使人更好地成為人。健康的生活是個人依憑理性而享有的生活，是一種依理性而生活並使理性成為生活主宰的生活。休閒倫理是理性在休閒生活中的凝結和集中體現，意味著休閒並不是無原則無規範無章法的自行其是或各行其是，或者為所欲為，並不是想怎麼休閒就怎麼休閒，而是也應當是有原則規範和倫理要求的休閒，是應當服務於健康人生和幸福要義的休閒。只有在休閒倫理的指導下，休閒生活和休閒活動才能發揮正能量，彰顯積極的社會價值和個體價值。

〔註4〕劉旭東：《休閒：幸福生活與人的和諧發展》，《教育理論與實踐》2008 年 6 月。

二、休閒倫理重在對生命質量的探尋

　　休閒倫理的價值在於在緊張、忙碌乃至不得已而爲之的工作之餘，能夠給人們提供更多的自由時間和更廣闊的發展空間，使人在身心處於放鬆、和諧、自由的狀態中獲得更好的精神享受，進而發展健康和諧的人際關係和社會關係，創造幸福美好的新生活。

　　休閒倫理的意義在於要讓生活在世俗社會的人們，懂得如何在有限的個體生命當中去獲得生命的無限價值與意義的超驗證明，並由此建構生命的終極關懷，讓生命獲得真正意義上的充實和豐盈。儘管個體的生命有始有終，但每一個個體生命所負載的永恒的人生理想、人生情懷，乃是生命不死，靈魂不滅，精神永恒的印證。建構生命的終極關懷、人生真正價值和社會倫理精神是一種創造性的表現，其內在的旨意就是要讓有限的個體生命，自始至終都灌注著生動無限的生命意義和生命情懷，讓有限的生命譜寫無限的人生輝煌。

　　在生命倫理的意義上，休閒作爲生命的一種形式，就具有其自身價值建構的充分理據。它決以遊戲的態度對待人生，消磨人生，不是單純意義上的消遣，恰恰相反，這是一種帶有體驗性、建設性以及精神性的人生，能夠爲人們的生活帶來精神價值的人生，它有利於人們生活品質的改善，能夠爲人們的精神世界提供形而上的追求，使人們的生活增添無窮的樂趣，提高人生智慧與創造力。從生命價值的角度來看，勞動是人生命形式之一，人在勞動中更好地認識世界，全面瞭解客觀世界，提高在世界中的生存能力，保障基本的物質生活，休閒是另外一種生命形式。勞動能夠爲人類生活提供基本保障，推動社會發展，休閒的作用在於爲人類提供生命的自我實現和價值體驗以及精神享受。勞動與休閒之間具有密切聯繫，二者是相互促進關係，共同構成生命整體觀，二者均是生命形式，有利於生命價值的實現、豐富實踐活動，從而推動社會發展，改善人們的生活品質，構建良好的生命藍圖。

　　作爲生命的一種形式，休閒與勞動（工作）一樣，也還是生命運動、生命創造的一種精神性標識。就像柏格森在論述「綿延」是一種實在，是世界的本質時所指出的那樣：「實在就是可動性，沒有已造成的事物，只有正在創造的事物，沒有自我保持的狀態，只有正在變化的狀態。」休閒同樣是生命的一種運動形式，是生命創造的精神追求、體驗和享受。幸福，作爲人們對生活最直接的感觸和評價，它並不是對某一次偶然的愉快和滿足感覺所做的

評價，而是人們經歷過一段時間或對自己全部生活的整體評價。因此，從這個角度來看，人們需要的休閒文化生活並不是簡單的補充精力或者是短時間內感到的愉悅，而是能夠爲人們提供一種能持久穩定的快樂狀態，然而這種狀態是人們感覺到幸福的重要特徵。在眞正的休閒生活中人們放鬆身體，調整心境，達到思想上的昇華，然後才能體會幸福的眞正含義。

三、幸福生活需要休閒倫理的滋養

幸福來自人的內心的圓滿性後自由地發揮他的最高能力。內心圓滿首先是生命的維持。爲了生活的幸福我們首先必須要有基本的生存，如果生命沒有了，生活的幸福也就談不上了。叔本華也說：「整個幸福的本質的基礎，乃是我們的體格，幸福最爲本質的要素是健康，再次，是維持我們獨立自在，無憂無慮的自由生活的能力。」其次尋找內心的圓滿。內心的圓滿、自足本身就能使我們體驗到某種快樂和幸福。「一個理智的人，即使處在完全孤獨的狀況下，也能以他的思想，他的幻想來獲取極大的娛樂；即使沒有任何變化，沒有愜意的社交，沒有劇場，遠足和消遣，他也能避免愚人的煩惱。」「所以，人生幸福的首要的最本質的要素是我們的人格。除了這種在任何情況下都發生作用的因素外，別無其他原因。」這裏的人格就是指你是一個什麼樣的人，你的內心世界是怎麼樣的。最後，一個人有了內心的力和美，還必須將它展現出來才能體會到一種眞正的幸福。叔本華說到：「亞里士多德認爲，人的幸福就在於自由地發揮他的最高能力。」而且，幸福的程度與我們心靈力與美的展現、表達程度成正比，「所有的人將會看到，發揮的能力愈傑出，那麼它所產生的快樂便愈多，因爲快樂總是包含著使用自己的能力，經常不斷的快樂，才能構成幸福。」

幸福需要個人的積極創造。對於絕大多數人來說，某些東西是不可缺少的，衣食往行、健康、愛情、成功的工作和來自同伴們的尊敬。而這些是需要個人的刻苦學習和勤奮工作，因爲天上不會掉餡餅。正如徐特立說的，想不付出任何代價而得到幸福，那是神話。神話的幸福只是空想。屠格涅夫說：你想成爲幸福的人嗎？但願你首先學會吃得起苦。梅花香自苦寒來，沒有耕耘就沒有收穫。幸福是具有客觀性的，需要勞動去創造物質和精神財富，幸福就依附在創造出的物質和精神財富上，而不僅僅在臆想和白日做夢中。

幸福是靠自我創造，幸福必須跳出自我的狹小圈子，尋找大的發展空間，尋求內心的圓滿，追求內心的力與美體現的幸福。而過分地專注於自我的情

感和興趣，無端的恐懼、妒忌、負罪感、自傳和孤芳自賞是幸福的大忌。在這些情感中，我們的欲望都集中在自己身上，對外界沒有真正的興趣，僅僅擔心它在某方面會傷害我們或不能滿足我們的自我需要。人們極不情願承認事實，急切地想躲進暖和的謊言長袍裏，主要原因當然是恐懼感。然而現實的荊棘撕破了長袍，寒冷刺骨的風從撕開處長驅直入，這時已經習慣 7 溫暖舒適的人，比一個從一開始就很苦磨練自己的人，要遭受更多的痛苦。況且，那些自欺者往往心裏也知道他們在欺騙自己，他們整天恐懼多疑，生怕某些不利的事情會迫使他們艱難地面對現實。

幸福是個人主觀的感受和評價，但這並不意味著幸福沒有客觀的內容，不需要必要的物質生活條件。馬克思主義認為，幸福是物質生活幸福與精神生活幸福的辯證統一，那種脫離物質生活幸福而一味推崇精神生活幸福的觀點與行為，以及那種脫離精神生活幸福而僅僅強調物質生活幸福的觀點與行為，都不是對幸福內涵和要義的完整把握和辯證理解。馬克思主義既反對離開物質生活幸福來談精神生活幸福的種種苦行主義或禁欲主義，也反對離開精神生活幸福來談物質生活幸福的種種物質主義或縱慾主義。斯巴達式的苦行僧生活不是幸福的孕育土壤。一個生活在物質匱乏社會中的人，為了生存他不得不每天四處奔波、食不果腹、衣不蔽身、居無定所，他怎麼可能會體會到人生的真正幸福呢？對他而言，生活就是日復一日地重複痛苦的感覺，幸福是可望不可及的幻象。可見，幸福要求一定的物質生活條件，也離不開物質生活條件的支撐。只有一個人超越了飢寒交迫和窮愁潦倒的生活境況，才能開始感受和體會到什麼叫幸福。只有當基本的生存需要退居為關涉生活的次要問題以後，休閒的意義和價值才能得以凸顯，休閒倫理的建構將從正常和較高意義上開啟幸福生活的大門並保證較高層次幸福生活的追求和實現。休閒倫理通過提升休閒的層次和意義使休閒與幸福連接起來，從而實現了休閒生活幸福，使人生幸福有了更為普遍也更加富有享受性的幸福內容和方面。

第三節　休閒倫理與幸福生活指數

休閒是一種文明生活方式和健康向上的消費需求，也是人們獲得倖福體驗的一個源泉。休閒倫理有助於人們養成正確的休閒觀，學會合理休閒、適度休閒、意義休閒和美善休閒，從而整體提升人們的幸福生活指數。

一、幸福生活指數是衡量社會進步發展的重要指標

　　從人們片面追求 GDP 到對幸福指數的關注，深刻體現出以人為本、科學發展觀在實踐中的貫徹落實。提高經濟水平是提高人們幸福感的重要措施，提高人們的幸福感是社會發展的最終目的，但是如果單純依靠 GDP 指標來衡量人們的幸福感或者社會進步狀況是十分片面的，甚至會導致社會政策的制定出現本末倒置的現象。「很長時間以來，GDP 成為官場上爭相膜拜的對象，被看做社會發展狀況的全部，也是衡量官員政績的唯一標準。於是，GDP 充水、統計數據作假的現象蔚然成風。權威統計表明，GDP 數字中有部分建立在犧牲後代的基礎上，不屬於可持續發展。」〔註 5〕

　　幸福指數真正關注了人的發展，人性化色彩更濃，同時也能真正衡量發展實效。如今的社會是一個深入貫徹落實科學發展觀的社會，也是建設和諧社會主義的社會，國民幸福指數這一概念儘管看起來主觀性非常強，可是卻成為近些年來地方政府追求的目標，逐漸成為衡量社會發展程度的標準。幸福感是可以評價的，它的價值在於進一步突出了以人為本的社會進步觀，使人們的幸福感由之前對物質的關注重新回歸到對精神的關注。幸福指數的概念綜合考察了社會發展狀況以及公民個人發展狀況，可以被理解為對社會發展狀況滿意度。隨著我國的深入發展，人們越來越關注幸福感，它逐漸成為衡量國家進步的新的評價標準。2008 年 2 月，當時的法國總統薩科奇決定設立經濟績效與社會進步評估委員會，由國際三大知名經濟學家擔綱研究社會發展的衡量標準。最後出臺的報告從 GDP 標準的缺陷、生活質量和可持續發展與環境三方面，建議主要國際組織和各國政府調整 GDP 的算法，用「國民幸福總值」（GNH）取代「國民生產總值」（GDP），糾正 GDP 社會發展的誤導。近年來，國際上開始嘗試用幸福指數來評價一國的發展狀況。不丹國國王發表聲明：「國家政策應該圍繞幸福來制定，並以實現幸福為發展總目標」，而不丹也成為世界上的第一個用 GNH 來統計的國家。我國越來越關注幸福感，提升幸福感也日益被人們所注目。多少年我們的經濟生活中沒有這個理念，只有一個發展的理念。發展主要是數量的概念，如果僅追求數量的增長，社會缺乏良好的理念、價值和方向，發展就會出現偏頗。我國多處區域在「和諧指標」的內容中加入了幸福指數這一指標，而國家統計局正在制定多項新的統計指標，如人的全面發展指數、國民幸福指數以及社會進步指數等。

〔註 5〕　程梁、彭澎：《幸福指數走向前臺》，《河南日報》2006 年 10 月 10 日。

幸福指數的出現標誌著社會文明進入一個全新的發展時期，衡量人們的生活狀況已經不能單純依靠財富的多少來判定了，人們的幸福感成爲更重要的衡量依據；經濟水平的提升並不一定使人獲得快樂，人的心理狀況、社會條件都成爲影響人們是否幸福的重要因素。〔註6〕

幸福指數能夠評價社會的進步狀況，判斷社會進步程度的標準必須能夠體現社會發展是不是能夠滿足社會大眾的基本需求、是不是能夠爲社會大眾創設良好的可以自由發展的機會、是不是能夠體現以人爲本。根據這一點，如果單純依靠 GDP 指標來衡量人們的幸福感或者社會進步狀況是十分片面的，甚至會導致社會政策的制定出現本末倒置的現象。幸福指數這一指標能夠較好地體現出社會大眾對生活質量的主觀感受，具有人性化的特徵，能夠較好地彌補 GOP 指標帶來的片面性，可以較爲全面地衡量社會的進步。在運用 GDP 指標時，一定注意不能出現矯枉過正的趨勢。

幸福感不能完全依靠準確的評價公式來計算，這並不是說幸福感沒有可公度性的內容。其實，幸福作爲人生追求的目標和理想狀態，是有其普遍的價值規定性和意義展現的。因爲，人同此心心同此理的效應律決定了幸福的基本內容可能是大家公認的。《尚書‧洪範》認爲幸福包含五個方面，即「五福」，「一曰壽，二曰富貴，三曰康寧，四曰攸好德，五曰考終命。」。這一標準儘管不能準確反映當代社會下的中國人對幸福的理解，但這可以反映出，人們對幸福的認識是有共同指出的。如需要基本的物質條件，「富」；需要較好的心理情緒，「康寧」；需要有一定的價值追求，「攸好德」。〔註7〕自我國實行改革開放政策 30 年以來，國家物質財富不斷積纍，居民增加了收入，而且政治民主化不斷推進，大大提高了國民的幸福指數。據調查數據結果，當前認爲自己很幸福的中國人占到七成以上，如同宋祖英所唱的「越來越好」一樣。「房子寬了，收入多了，生活越來越好」，反映了多數中國人對幸福生活的評價。

我國經濟水平的快速提升爲居民提高幸福指數提供了物質基礎。人們的收入大幅提高，隨之，人們的平均壽命延長、醫療衛生條件改善。物質條件的豐富爲人們的物質享受提供了前提條件。近些年來，我國城鄉社會消費品零售總額也顯著的提升，這充分顯示出人們的物質生活水平獲得了改善，這

〔註6〕　程梁、彭澎：《幸福指數走向前臺》，《河南日報》2006 年 10 月 10 日。
〔註7〕　參閱陳恒：《尋找可持續的幸福增長》，《光明日報》2012 年 9 月 19 日。

爲人們提高幸福感提供了基本的物質基礎。〔註8〕

　　進入新世紀以來，爲了持續提高我國公民的幸福生活指數，黨和國家作出了多項重大的民生改革，出臺了一系列改善和保障民生，建設幸福家園、宜居城市和新型農村的政策和相關文件，制定各種政策來保障低收入人群的生活，想辦法增加他們的收入，進一步制定房屋保障措施，使普通民眾不再爲住房發愁；力爭使我國絕大多數人都能享受到醫療保險制度以及養老保險制度帶來的優惠。隨著黨和國家針對普通民眾制定的各種優惠政策不斷實施，人們對物質的需求得到更多的滿足，人們的幸福指數隨之上陞。

　　物質生活幸福是幸福生活的基本內容，但它所能帶來的幸福體驗會隨著社會的發展不斷變化。幸福感既依賴於物質生活，同時也同整個社會的財富分配、公正平等以及精神文化的發展密切相關。現實生活中一些物質生活富庶的人們精神生活痛苦的現象還不同程度存在，很多高收入人群比普通的中低收入者更容易「抑鬱」，這其中的原因不是因爲財富使人生活不幸，而是因爲他們在物質生活上的富足使他們無法體會到幸福的感覺，他們很難像普通的低收入人群那樣，養活老婆孩子就感到很幸福，高收入者不能從這裏獲得眞正意義上的幸福滿足感。〔註9〕當一個國家發展到了經濟相對富庶的時候，國民幸福感就不能再僅僅依靠經濟發展來提高，政治的民主化、精神文化的發展以及和諧的人際關係對幸福的支配和影響將爲較之物質短缺或匱乏時代更有意義和價值。因此，中國通過以人爲本的科學發展來尋找新的幸福增長點，通過全面建設小康社會來整體提升民生幸福就變得尤爲重要。

二、積極休閒有助於提升幸福生活指數

　　休閒特別是積極健康意義上的休閒，關係幸福生活指數和生活質量。積極健康休閒不特可以解除體力上的疲勞，恢復生理的平衡，而且可以獲得精神上的慰藉，使人精神振奮，心裏舒暢。因此，提升人們的生活質量、提升幸福指數需要並呼喚積極健康的休閒和休閒活動。

　　有研究資料表明，當一個國家人均 GDP 超過 3000 美元，休閒就進入大眾化階段，超過 5000 美元時休閒消費將進入快速增長期。我國近年人均 GDP

〔註8〕　參閱陳恒：《尋找可持續的幸福增長》，《光明日報》2012 年 9 月 19 日。
〔註9〕　參閱陳恒：《尋找可持續的幸福增長》，《光明日報》2012 年 9 月 19 日。

已達 4000 多美元，部分經濟發達省份超過 6000 美元。國家旅遊局與中國社會科學院聯合發佈的 2011 年《休閒綠皮書》指出，未來 5 年將是中國旅遊、體育、文娛消費等休閒產業快速發展的黃金時期。〔註10〕

在經濟已經相當發展的基礎上，如何使國民過上幸福舒適的休閒生活，使休閒生活成為提升國民幸福生活指數的重要方式，這是經濟社會發展的新目標和新要求。為了卓有成效地提升我國公民的幸福生活指數，許多地方出臺了發展休閒產業、豐富休閒文化、提振休閒活動的政策和文件，將休閒納入經濟社會發展戰略佈局之中，以此滿足人民生活的新期待。我們應當以滿足廣大人民群眾的休閒需求為目標，從國情、社情和民情出發，培育國民健康的休閒意識，壯大休閒產業規模，豐富完善休閒產品，保障國民休閒權利，引導國民更廣泛地參與休閒活動，真正使休閒融入百姓生活，提升國民生活的幸福指數。〔註11〕

三、大力發展幸福導向型產業

大力發展健康服務、節能環保、休閒旅遊、文化創意等幸福導向型產業是休閒倫理的重要舉措之一。所謂「幸福導向型產業」是指以滿足人由生存到發展的多元幸福訴求為導向，以健康、綠色、時尚、智慧為特徵的新興產業，主要包括健康服務、低碳環保、休閒旅遊、智慧化社會管理服務、電子商務、數字娛樂、時尚創意以及其他相關文化產業等。B.M.W 節能低碳旅遊計劃」，提倡在城市中心利用便捷公交和步行的低碳環保出行方式旅遊也得到熱烈的響應。B.M.W 是自行車（Bicycle）或者公共汽車（Bus）、M 是地鐵（Metro），W 是步行（Walk）的簡稱。在全球風靡的 LOHAS（樂活）生活方式下，用低碳的旅遊出行方式，以最新潮的視覺，暢遊文化旅遊景點，體味「文化之源」。幸福導向型產業的核心是「以人為本」，這使它兼具經濟學和社會學的意義。幸福導向型產業讓人們的物質生活和精神生活都有了更高的品質。幸福導向型產業必然是共享式發展。以人為本、增進民生福祉被定位為發展的目的和歸宿。幸福導向型產業「既保護環境又振興經濟，既傳承文化又創新轉型，既幸福市民又快樂遊客。幸福導向型產業必然是共享式發展。以人為本、增進民生福祉被定位為發展的目的和歸宿。

〔註10〕馮俊英：《休閒提升我們的幸福指數》，《廣西日報》2011 年 10 月 10 日。
〔註11〕馮俊英：《休閒提升我們的幸福指數》，《廣西日報》2011 年 10 月 10 日。

四、想方設法降低過勞死比率

過勞死是指勞動者較長時期內處於一種超出社會平均勞動時間和強度的工作狀態，勞動強度過重，心理壓力太大，正常工作規律和生活規律遭到破壞，體內疲勞蓄積並向過勞狀態轉移，因積重難返而引發身體潛在的疾病急性惡化，最終導致死亡。據報導，在拼命工作的日本每年約有 1 萬人因過勞而猝死。根據世界衛生組織調查統計，在美國、英國、日本、澳大利亞等地都有過勞死流行率記載。目前，我國大城市白領處於「過勞死」狀態的接近六成，這是一種很可怕的社會現象！知識分子「英年早逝」問題，一直受到社會各界的廣泛關注。一代精英因過度勞累而英年早逝，對家庭，對社會都帶來了巨大的損失。同時，也為中年人過度透支，拉響了要關注身體健康的警報。近年來，高級知識分子英年早逝的新聞我們時常能夠看到，蕭亮中（中國社科院邊疆史地研究中心學者，32 歲）、焦連偉（清華大學電機與應用電子技術系講師，36 歲）、高文煥（清華大學工程物理系教授，46 歲）等傑出人才，都一個個先後離開了我們，導致他們早逝的原因都是勞累過度。根據上海社科院所做的一份「知識分子健康調查」結果顯示，我國知識分子的平均壽命由從前的 59 歲下降到了 53 歲，短短的 10 年時間，平均壽命縮短了 5 歲，相對於普通人的平均壽命，知識分子的平均壽命要低 20 多歲。根據另一份調查結果顯示，廣東某高校將近 20%的教師身體健康狀況不是很好，身體處於亞健康狀況的教師所佔比重為 70%，另有超過 33%的教師處於中度亞健康狀況，這都是因為高校教師長時間超負荷工作，身體嚴重透支造成的。對武漢某高校教師來說，將近有 64.3%的教師經常出現或者偶而出現亞健康狀況。中國社科院於 2006 年發佈的《人才藍皮書》中鮮明地指出，如果知識分子的工作時間不縮短，不注意減輕心理壓力，那麼就會很容易出現亞健康狀態，那麼將有 70%的人長期徘徊在「過勞死」的邊緣，他們將會面臨著身體隱藏的疾病突然爆發而失去生命的危險。還有很多高校教師根本沒有認識到合理作息時間的重要性，他們常常工作起來就忘記時間，生活規律性較差，這樣的人非常容易患消化系統疾病和心腦血管疾病。不僅如此，高校教師缺乏良好的自我保健意識，只有很少的一部分教師表示自己生病會及時看醫生，有超過 30%的教師會因為工作忙而不重視體檢，認識到體育鍛鍊的重要性，並經常參加體育鍛鍊的高校教師更是寥寥無幾。根據上海十幾家新聞單位聯合展開的調查結果顯示，新聞人的死亡年齡多分佈在 40 歲至 60 歲之間，這一年

齡段的死亡人員比重高達 78.6%，他們的平均死亡年齡只有 45，7 歲。在當前正在從事新聞工作的人員中，只有 18.4%的人屬於健康人群，正在患病的人所佔比重為 8.9%，其餘的大部分人身體處於亞健康狀況，只是輕重不同而已。前一段時間，曾經專門為北京 1866 名知識分子進行了體檢，體檢結果令人震驚，有 84.6%的人患有脂肪肝、高血壓、白內障、肥胖症、癌症等疾病，特別是 40 歲至 59 歲的人群中，竟然有 90.4%的人不同程度地患有疾病。

當今時代下的知識分子必須面臨社會轉型和身體轉型這兩個致命的轉型期。社會轉型使他們的內心產生極其焦慮的情緒，而身體轉型使他們身患多種疾病。我國知識分子去世年齡大多分佈在 45 歲至 55 歲之間，可見，過勞死或者亞健康已成為危機知識分子的兩大問題。中國的知識分子英年早逝會出現如下特徵：工作時間過長，身體承受過重的工作壓力，導致身體潛藏多年的疾病突然爆發，結果救治不及時而去世。

面對這麼多高知分子因過度勞累而英年早逝，我們應該得到警醒。過渡勞作，犧牲身體健康，實在是人力資源的極大浪費。因此，注意健康，倡導休閒，適度放鬆，學會減輕工作壓力，無疑是降低過勞死比率的有效路徑。就中年人自身而言，學會主動休息，學會勞逸結合，學會愛惜自己的身體健康，也是降低過勞死比率的重要舉措。

學會勞逸結合也很重要。學會調節生活，短期旅遊、遊覽名勝、爬山遠眺、開闊視野、呼吸新鮮空氣，增加精神活力，讓緊張的神經得到放鬆。堅持合理運動。運動能推遲神經細胞的衰老，幫助廢物排出，從而起到防癌抗癌作用。長期堅持健身跑和徒手體操，人體的新陳代謝和工作能力會加強。

第六章　休閒道德失範及其救治

　　當代人們的休閒生活，由於各種原因，存在著倫理失範現象，低俗性休閒、頹廢性休閒、成癮性休閒以及休閒行為拜金化、休閒功德虛無化等大量存在，不僅嚴重地腐蝕人們的身心健康，也給社會生活和家庭帶來不少麻煩和苦惱。治理休閒倫理失範，需要個體、家庭、政府社會各方面多管齊下，需要把個體的道德自律和社會的道德他律有機地結合起來，建立一整套行之有效的休閒倫理制度。

第一節　當代休閒道德失範的主要表現

　　改革開放三十多年以來，隨著經濟全球化的不斷發展，特別是我國經濟的持續增長和社會的全面發展，使得人們收入增加和閒暇時間的增多，人們對休閒需求得到極大的提升，休閒迅速的在人們的經濟和生活中扮演著重要角色。從休閒文化、休閒旅遊、休閒娛樂、休閒食品到休閒服裝，以及其他各種各樣的休閒商品和服務成為了人們趨之若鶩的消費時尚。休閒作為一種新的消費形式，帶動了我國的社會結構、產業結構、社會制度以及城鄉居民生活結構、行為方式的變化，休閒正式的成為了人們日常生活當中不可缺少的一部分。但是在物欲橫流的當今社會，充足的閒暇時間和富裕的金錢，使得人們熱衷於追逐「新」、「奇」、「另類」、「刺激」等觀念的休閒活動，伴隨而來產生了大量的休閒失範的問題。

一、休閒主體對休閒認識和選擇的誤區

隨著現代科技的飛速發展，人們的社會必要勞動時間日漸縮短，能為人們自由支配的時間越來越多，休閒作為一種安排生活時間、提高生活質量的方式受到人們的普遍接受和追求。古代人把追求「閒」、「雅」、「靜」，促進身心得到良性發展，作為人生的一種境界來追求。一般而言，任何休閒項目或活動、休閒方式和手段，都要把休閒主體的健康生存，休閒資源的文明享受和全體社會成員的自由發展作為價值取向。但是，在現實的休閒生活和休閒實踐中，則存在著主體價值取向錯位等現象。主要表現在：

1. 放縱性休閒

從哲學角度看，人的全面發展也就是人的活動方式的全面發展，是人們認識世界和改造世界走向自由自覺的過程和狀態。滿足人們自我實現的需要、展現人的自由個性、豐富人的社會關係是休閒的內在規定。人的全面發展意味著個體在擺脫對物的依賴後高度自主的選擇和自由的個性發展。但是，這種自主和個性的發展並不是隨性的發展和放縱。隨著經濟的發展，人們收入大幅增加，物質生活水平不斷提高。在工作之餘，人們開始追求更加豐富的生活，顯然，適當的輕鬆休閒是有助於身體健康的，但是有不少的人們在休閒的價值取向、內容選擇、參與方式等方面，存在相當多的問題。比如，不少年輕人在閒暇時間流連於酒吧、夜店徹夜不歸，有的甚至天天「泡吧」，甚至以「泡吧」為榮。有的人一講到休閒便想到吃喝玩樂，忙於「請吃」和「吃請」，累得團團轉，喝的醉醺醺。為什麼會產生這種現象？主要原因是國人對於休閒的誤解，認為休閒就是我想做什麼就去做什麼，完全按照自己的主觀意志行事。〔註1〕文明禮貌指的是一個人通過語言或者行為舉止表現出自己的道德修養以及對他人的尊重，文明禮貌是社會生活中人們必須要遵守的一條基本道德規範，可是在現實中，部分社會個體在享受社會休閒生活時，卻不注意自己的言行，不講文明禮貌，嚴重破壞了社會基本功德。

2. 奢華性休閒

奢華性休閒指的是熱門在休閒過程中過於追求物質消費，在休閒過程中突出奢侈、豪華，互相攀比消費數額，以獲得某種心理滿足。奢華性休閒的目的早已脫離正常的物質需求和精神需求，這些人已經將休閒看做是身份和

〔註1〕 袁其微：對當前中國休閒異化現象的倫理思考〔J〕，綏化學院學報，2005 年4 月。

地位的標誌，他們只不過通過休閒活動來展現自己的財富、地位、成功等。有的旅遊者購買限量版的挎包、手錶、居住在豪華的五星級賓館，在高檔餐廳就餐。這些人無論是買東西，還是吃東西，不是以爲自身需要，而是爲了炫耀，也就是我們通常所說的「炫富」。從炫富的表象來看，這是種炫耀性消費觀念，是消費文化不成熟時的表現。在市場經濟發展的初期尤爲明顯，而中國歷史傳統上是一個農業社會，集體居住在一起，使得彼此間排場、面子這些東西流傳了下來，成爲了傳統。很多人去購物就是要買貴的，而不看物品的實用性，因爲這樣會讓他們覺得更有面子。這種休閒只能增加一些可以在他人面前炫耀的知識，在其他方面沒有絲毫的好處。有的國家，過度消費已經成爲一種社會風氣，人們不斷以攀比的心態表達出對物質財富的炫耀。其實，休閒應該體現文化內涵和精神旨趣，可是恰恰相反，當前很多國家的節日休閒活動卻僅僅停留在物質層面上，除去吃和玩就什麼都沒有了。如果休閒過程中沒有必要的精神意識做支撐，那麼當人們不再爲生活而發愁的時候，人們的休閒就只能停留在純粹的消遣娛樂的層次上了，事實上，如果過度追求物質的休閒形式，百害而無一利。〔註2〕

從社會的角度分析，炫耀性消費大多是浪費，何況私人消費往往不考慮對環境的負作用。特別是超越現有條件，熱衷於高消費，既浪費資源，又對環保乃至發展不利，這一切的根源就是情感的缺失和價值觀的缺失。

3. 成癮性休閒

成癮性休閒指的是人們在生理上或心理上過度依賴某種休閒行爲或者休閒方式。一旦休閒者需要依靠某種休閒行爲或者休閒方式來解決某一問題或者滿足自身某些需要的時候，該休閒者陷入成癮性休閒。在實際生活中，成癮性休閒主要有賭博、上網以及性休閒等。〔註3〕

賭博是對社會危害很大的一種失範的休閒行爲。有人認爲賭博是一種娛樂活動，很多人都能夠從賭博活動中享受到無窮的樂趣，根本不會引發什麼問題，這種說法很不正確。很多事實都能證明，賭博不利於社會物質生產活動，也不利於國家經濟發展，如果是黨政幹部賭博，就會產生更大的危害性，容易降低共產黨的威信，不利於共產黨執政地位的鞏固，阻礙國家實現繁榮

〔註2〕 馬天芳：休閒失範及其對策研究〔J〕，焦作高等師範專科學校校報 2007 年 9 月。

〔註3〕 李萬兵、趙世華：《失範休閒行爲研究》，《新西部》2007 年 5 月。

富強。黨員幹部參賭，勢必影響更多的人參賭。如此一來，賭博風便越刮越凶，以致積重難返。小賭終會演變成大賭，給國家帶來巨大的損失。賭博儘管在一定程度上能夠增加人們的競爭意識以及冒險意識，有時能夠激發人的個人潛能，實現致富的最終夢想。可是，賭博在很大程度上依靠運氣，賭博又常常與酗酒相聯繫，這種行為不但不利於人們的生理健康，也有可能引發心理問題，甚至會導致社會關係淡漠的現象。

4. 頹廢性休閒

頹廢性休閒指的是那些既不利於自身身心健康，同時又對社會或者他人具有危害性的休閒行為，這種行為屬於倒退性行為。最近幾年，嫖娼、迷信、吸毒、酗酒的行為大有死灰復燃的趨勢。據統計，我國從事賣淫活動的女性高達 500 萬，甚至個別城市的賣淫活動還頗為頻繁。有的人獲取財富後不講為國家或社會多做貢獻，而是選擇過一種聲色犬馬的生活。〔註4〕

酗酒結果往往是「借酒消愁愁更愁」。酗酒對社會具有極大危害，因為酗酒可能對社會產生十分嚴重的危害。酗酒者常常將酗酒行為看做是緩解心理矛盾、發泄心理壓力的手段，他們通過酗酒的行為來減弱空虛、無聊的感覺，緩解自己因失敗、愧疚的痛苦心理感受。一旦社會不重視酗酒現象，忽視了這種行為對社會產生的危害，那麼這些酗酒者可能會對社會穩定產生嚴重的威脅。這絕對不是危言聳聽，我國每年因為酗酒引起的交通事故高達 400 萬。在全國每年因交通事故去世的 10 萬人中，有超過三分之一的人死於酒後駕駛或者醉酒駕駛引發的交通事故。

二、休閒內容的粗俗、低俗和庸俗化

休閒品位指的是人們所選擇的休閒方式、休閒觀念以及休閒內容在精神層面上的鑒賞能力。粗俗屬於不文明的行為現象。低俗是一種低級下流的行為現象，庸俗是一種把崇高事物粗俗化的行為現象，亦即俗到家的粗俗。休閒行為的粗俗、低俗和庸俗集中表現在以下幾個方面：

第一，休閒目的層次不高。著名的休閒學家，美國人戈比根據休閒目的在精神需求中的反映，提出休閒目的的五個不同層次，分別為：放鬆、消遣、發展、創造、感覺超越。在他看來，停留在放鬆層面和消遣層面的休閒活動能使人的身心擺脫疲勞的狀態，層次較低，而停留在後三個層面的休閒活動

〔註 4〕李萬兵、趙世華：《失範休閒行為研究》，《新西部》2007 年 5 月。

能實現人的自我價值，層次較高。當前，大多數人主要通過休閒活動來擺脫身心疲勞，休閒層次不高。

第二，休閒觀念滯後。人們在休閒時，更多的是考慮生理需求的滿足，很少注重精神方面的需求，休閒觀念缺乏當代精神以及現代生活理念，錯誤地以爲休閒就是玩樂和吃喝，他們純粹爲了打發時間追求感官的滿足，爲了聚在一起玩樂，甚至以出賣身體健康爲代價。

第三，休閒內容缺乏健康型。部分人爲了引發關注，不是對他人的作品進行惡搞，就是以粗俗的言論對他人進行人身攻擊；還有的人在公開場所裸露身體或者表現出帶有侮辱性和挑逗性的行爲；也有的人通過網絡、雜誌關注桃色新聞、瞭解他人隱私。〔註5〕

粗俗、低俗、庸俗化休閒認爲人生存的意義，就是對物質的享受，感官的刺激。很多人把賭博當做一種休閒方式，在賭博中尋找樂趣。一項活動或一項事業，有了太多的賭徒心理攜帶者參與，立刻就有可能變味或走樣，例如，社會利用人們的博彩心理、投機心理髮行彩票，用於發展公益事業或福利事業，賭徒心理攜帶者卻把購買彩票視爲發財致富的唯一途徑，以至達到走火入魔、求神拜佛、傾家蕩產的瘋狂程度。隨著新技術、新傳播手段的發展，不健康思想也在網絡領域迅速擴展。有人認爲色情聊天就是一種很放鬆的休閒。在白領階層，也流行講「黃色笑話」，互相傳遞「黃色短信」。這種不健康的休閒只會毒害人的心靈健康，使人走向低靡。近幾年，不少明星吸毒被揭露曝光，其實不只是明星，在大眾中，也有不少人在閒暇時間開始嘗試這種「新鮮的刺激」，在毒品的刺激下獲得短暫的快感，認爲這是一種更放鬆的休閒方式。毒品對軀體造成巨大的損害，並且由於毒品的生理依賴性與心理依賴性，吸毒者成爲毒品的奴隸，他們生活的唯一目標就是設法獲得毒品，爲此失去工作、生活的興趣與能力。

三、休閒方式的倫理缺失

就當代中國而言，休閒方式的倫理缺失集中表現在以下幾個方面：

1. 休閒方式的選擇性缺失

一方面，隨著生產力和勞動效率的提高，社會必要勞動時間不斷縮短，人們的收入水平不斷提高，加上老齡化社會的到來，我國已經進入了休閒時

〔註5〕 王靜儀，休閒文化的倫理分析〔D〕·2008（5）。

代。另一方面，我國還處在並將長期處於社會主義初級階段，公共服務、社會保障、收入水平等現實因素制約著人們的自由發展，還不足以支持人們按照自己的願望和期待選擇自己的生活方式。針對國民休閒方式的問題，《小康》雜誌社連同清華大學，共同開展調查，結果顯示：2009～1010 年度中國休閒小康指數爲 67.8，與上一年相比，增長了 1.1%。人們經常採用的休閒方式，排在前十名的是上網、看電視、看電影、閱讀、觀光遊覽、逛街購物、參加各種社交聚會、度假休閒、打遊戲、球類運動。很明顯，排在首位的是上網，它取代電視穩坐榜首。

總之，公眾最經常採用的休閒方式通常被概括爲三種基本類型：文化娛樂類、休閒旅遊類以及怡情養性類。特別是休閒旅遊類已經成爲人們最經常選擇的休閒方式。但是，調查結果也表明，遊客經常會不滿意旅遊過程中的交通狀況、門票價格、住宿條件、飲食條件以及導遊服務。尤其是讓遊客感到不能忍受的是導遊採用欺騙或者威脅的手段購買旅遊當地紀念品、服務態度差以及擅自做主更改旅遊線路等。而對於處於社會較低層次的人們來說，比如農民工，他們業餘時間的主要休閒方式是看電視、睡覺、聊天、閒逛、看書、上網、看錄像等活動，所能選擇的範圍更窄，對象更少。

2. 休閒方式的斷裂化格局

休閒方式在不同人群中也體現了不同的類型。收入不同、所受文化教育程度不同群體的休閒方式也各有差異。高收入群體在休閒方式的選擇上有更大空間，也有更強實力。對他們來講，由於有足夠的物質財富和時間，所以休閒方式的選擇也更加多元化。而對於廣大低收入群體，每天的工作已經佔用了他們大部分時間。在有限的業餘時間裏，他們最多的就是睡覺、上網和看電視，基本沒有時間、精力和經濟能力去進行一些高端的休閒娛樂活動。而這樣的情況也容易引發低收入群體的仇富心態。文化程度高的人群，休閒更多集中在個人興趣的培養和道德情操的提高上，相反受教育程度低的人群，休閒更多的是選擇較低層次的休閒娛樂活動和方式。不同收入和文化程度的差別導致了不同群體休閒方式的斷裂，他們之間沒有融合溝通，也無法眞正融入另一個群體。不同群體間的休閒方式處於平行狀態，從而形成了休閒方式的斷裂化現象。

3. 休閒方式非理性

建設「資源節約型、環境友好型」社會是我們黨在新的歷史條件下提出重大戰略舉措，它堅持以馬克思主義發展理論爲指導，結合我國社會主義現

代化建設的偉大實踐，借鑒西方發達國家的經驗教訓，旨在實現全面、協調、可持續發展，推動全面小康社會建設，實現中華民族偉大復興。但是，一些人在休閒過程中，注重走進自然，卻缺少對自然的敬畏、關愛和尊重，主要表現在：一是在休閒中的嚴重浪費。一部分人將消費作為休閒的目的，在休閒的過程中，大量消耗物質產品和資源，並且以追求「珍、稀、貴、奇」為追求，從而導致人們在休閒消費活動中主體地位和理性精神的喪失，在「消費有理」的旗幟下，成為生態危機的「推手」。

　　二是對休閒資源進行不合理的開發利用。雖然近年來，人們的環保意義不斷增強，但是，一些地方政府或經營性組織在利益驅動下，或公然違反國家有關法律法規，進行破壞性開發，或者突破資源環境承受能力，進行過度開發和利用。

　　三是存在不文明休閒行為。人們在的休閒過程中，不注意對自然環境和景觀的保護，隨意丟扔垃圾，以及毀損文物，不善待花草、動物，惡意塗鴉等，隨意破壞休閒環境和休閒設施。在社會公德中，其中一項重要內容是公民要愛護公共財物、保護環境，而且這也是公民必須要承擔的道德義務。可是近幾年，人們參與休閒活動的熱情在上漲，而對休閒環境和休閒設施的破壞程度也在不斷加重。有人對公園內的桌椅進行破壞、破壞健身器材或者隨意對園區內的指引牌或者標誌牌進行塗改，也有的人隨意攀爬樹木。踐踏草坪、亂扔垃圾等，這些行為嚴重違反了社會公德，對自然環境產生嚴重的破壞作用。

　　四是違反休閒公共場所秩序。人們在從事休閒活動時一定要遵守公共場所的制度，維護公共場所的秩序，這樣才會在不對他人的休閒活動造成影響的條件下實現自身休閒。可是很多時候，人們為了追求自身的休閒目的不惜違反社會公共秩序，做出違反社會公德的事情。如有的人讓自己的寵物狗在公共場所隨地大小便，傷害他人，對社會安全產生危害。還有的人在音樂會、電影院不把收集設置成振鈴模式或者公開吃零食，完全不在乎高雅休閒場所的日常禁忌。也有的人喜歡插隊，不喜歡聽從別人指揮，可能會加大場所的混亂程度，甚至會出現踩踏事件。〔註6〕

4. 休閒行為拜金化

　　在市場經濟的消極影響下，人們的休閒活動或多或少摻雜了拜金主義色

〔註6〕龐桂美，和諧社會視域下的休閒倫理及其道德價值〔J〕，青島科技大學學報，
　　　2008，24，（1）：61～64。

彩。當前，拜金主義已經出現於休閒活動的不同環節，其中表現最突出的是休閒消費白金花和休閒經營拜金化：首先，休閒消費拜金化指的是社會個體或者群體在休閒活動中過於追求物質享受而出現的過度消費現象。在人們的日常生活中，休閒消費拜金化主要體現在奢侈消費、攀比消費等，也包括公款用於私人休閒消費等方面。有的個別國家工作人員爲了一己之私，利用公款消費，而且這一比重很到。根據全國人大常委會辦公廳研究室提供的數據顯示：我國 2009 年「三公」消費金額高達 9000 億元。〔註7〕其次，休閒經營拜金化指的是從事休閒產品生產經營的企業爲了獲取更多的利潤，利用人們的休閒需求，生產的休閒產品或者休閒服務對社會具有一定的危害性。如巧立名目的消費功能、生產豪華消費產品、主張歪風邪氣的產品，此外還出售色情產品，以便獲取暴利。經營企業經營過程的誠信度不夠，對消費者利益產生損害行爲。

第二節　當前休閒道德失範的成因

　　當代中國出現的休閒倫理失範，原因是多方面的，其中人們對休閒的認知錯位，市場經濟負面影響以及休閒監管評價不到位是其主要原因。

一、休閒的認知誤區導致休閒價值取向錯位

　　經濟發展儘管爲人們的休閒提供了前提條件，可是人們還是感到自己在生活中面臨很大的壓力，而且生活也不總是事事如意。在這樣的形勢條件下，休閒的實現增加了難度，還有的人缺乏對休閒的正確認識，導致出現認知錯位的現象。這些錯誤認知主要表現在以下幾個方面：

1. 休閒就是消費

　　有人認爲，休閒就是消費，就是去花錢買東西。幸福就是「尋求快活」，而尋求快活就是通過消費得到滿足。在工業化國家裏，人本身越來越成爲一個貪婪的、被動的消費者。物品本來是爲人服務的，人卻成爲了物品的奴僕。人變成了機器，變成了徹底的消費者，唯一的目標就是擁有更多的東西，使用更多的東西。〔註8〕大都市中的高收入群體主要通過高度消費或

〔註 7〕袁其微，對當前中國休閒異化現象的倫理思考〔J〕，綏化學院學報，2005，
　　　　25（2）：13～15。
〔註 8〕陳學明，吳松，遠東：《痛苦中的安樂——論消費主義》〔M〕，雲南人民出版

者極度消費的方式來進行休閒活動。據報告顯示，我國每年的奢侈品市場規模可以高達 20 億美元，在全球奢侈品總額中的比重爲 12%。我國可能會在接下來的十年中成爲世界第二大奢侈品消費市場。作爲法國精品企業聯盟的科爾貝委員會更是大膽指出，中國將在不久的將來成爲世界第一大奢侈品消費市場。

消費與休閒之間不能劃等號。儘管在休閒產業化的條件下，消費能夠帶來多元化的休閒方式，可是消費無法購買眞實的休閒活動。而且，假如消費不存在，人們也可以實現休閒，如沐浴在陽光下、享受田園般的幽靜、與朋友戶外親密交談等。林語堂曾經說：「休閒活動並不是生活富足者和成功者的獨特權利，相反，它更是一種心靈寬鬆的標誌。金錢並不是享受悠閒生活的必要條件，富有的人甚至根本沒有條件享受悠閒生活帶來的樂趣，只有對金錢比較放鬆的人才會及時發現樂趣。只有懷著崇高心境、偏愛簡樸生活的人才更容易享受悠閒。儘管我們承認林語堂的言論中透出一種清高，可是它遠離市場中的規則，從精神層面來分析，以上這番言論能夠充分顯示人精神的崇高、深沉以及清明等。〔註9〕

2. 休閒等於空閒

有人錯誤地以爲休閒就是完全自由狀態下的放鬆，認爲休閒就是空閒，所以經常消磨時間。空閒指的是自己有剩餘的、能夠根據自己的意願來支配時間；休閒則屬於人的生活狀態或者生活形式。生活在遠古時代的原始人、近現代社會的失業者儘管有很多的空閒，可是由於他們的空閒出現在物質資料不能滿足基本需求的基礎上，所以直接的結果就是人們沒有事情做。〔註10〕在如今，生產力顯著提高，大大縮短了社會必要勞動時間，物質資料十分充足，而且人們的空閒時間也在不斷增多，可是如何處置相對較多的自由時間，大多是如何花錢、如何消磨時間等，很少有人站在構建人類文化精神的歷史角度來看待休閒，所以休閒的內容、休閒概念以及休閒行爲都不同程度地顯現出單一化、庸俗化的特徵。

　　　　　社 1998 年。

〔註9〕　馬惠娣：休閒問題的理論探究〔J〕，清華大學學報（哲學社會科學版）2001
　　　　　年第六期。

〔註10〕施堅：論科技進步條件下的休閒缺失及其克服路徑的選擇〔D〕，南京農業大
　　　　　學碩士論文 2005 年。

3. 休閒等於絕對放鬆

還有人認為，休閒就是絕對的放鬆，想做什麼就做什麼。他們認為我花自己的錢，打發自己的時間，我想玩什麼與別人無關。在這種認識下，絲毫不考慮自己的休閒行為帶給他人和社會的影響。馬克思曾說，人的本質並不是單個人所固有的抽象物，在其現實性上，它是一切社會關係的總和。人生活在社會之中，所做的每件事都不僅僅是個人行為，而是與他人相互影響的。在一個小區裏，大家都是生活在一起的，休閒行為不能對他人造成不良影響。比如有的人很喜歡打麻將，大半夜還在家裏打個不停，雖然這些活動都是在自家進行的，但是這必然會影響左鄰右舍的休息。休閒娛樂不能把自己的幸福建立在別人的痛苦之上。休閒失範的現象產生，一個重要原因是人們對休閒本質的誤讀。有人錯誤地認為休閒完全是自己的事，可以不受道德的約束。其實不然，休閒活動無論是作為個人行為還是社會行為，都是一種滿足了溫飽之後的、屬於較高層次的精神需求，應當是一種有秩序的行為，體現人類社會文明與進步。個人在享有規定的權利的同時，也要尊重他人的權利，不能損害他人的利益。

有一種對休閒的偏見，認為只有勞動（甚至只有物質勞動）才能創造社會財富，推動社會經濟發展。休閒只是對現有財富的消費，是不利於生產發展和社會進步的。重勞動輕休閒的觀念對人們認識休閒的意義產生了影響〔註11〕。這種觀念錯誤的我認為休閒等同於休息、無所事事，認為休閒就是消磨時間，沒有正確認識生產與消費之間的關係；把休閒與工作放在根本對立的角度，認為超負荷工作才是值得提倡的行為；還有一些年輕人把好吃懶做、奢侈消費、低俗消費當作是時尚休閒。馬克思主義認為，人類社會發展的根本價值目標是實現人的全面自由的發展。實現人的全面發展是馬克思主義所追求的人類社會發展的根本價值目標，是共產主義的最高理想，是現階段建設社會主義社會的本質要求，是貫徹落實科學發展觀的核心目的。所以，要實現人的自由全面發展，並不是簡單一味的努力工作，而是把學習，工作和休閒結合起來，勞逸結合，這樣生活才會更加美好。

二、市場經濟負面影響致使休閒行為拜金化

我國社會主義市場經濟正處於發展初期，新舊體制轉軌未全面完成，市場體系尚未完全建立，市場運行法律尚不健全，市場秩序尚不完善。市場經

〔註11〕張廣瑞，宋瑞：關於休閒的研究〔J〕，北京：社會科學家 2001 年第九期。

濟本身的弱點和消極因素會反映到人們的休閒生活中來，給休閒生活帶來明顯的負面影響。

1. 利益主體多元化容易助長極端個人主義

市場經濟通過市場來實現商品的價值，實現資源的有效配置。發展社會主義市場經濟，追求最大利潤是商品生產者的最終目的。這樣，市場經濟一方面有利於調動生產者和經營者的積極性；另一方面又往往容易導致一部分人為了片面追求個人利益而陷入極端個人主義，從而導致社會責任感和良知的弱化、萎縮直至完全喪失，出現見利忘義、不擇手段地謀求私利等醜惡現象。個人私欲的膨脹會滲透到道德生活裏面，如果這種利己主義、極端個人主義演繹成一種基本生活方式，一種處世哲學，就將泛濫於社會生活包括休閒生活的各個角落，會造成極其惡劣或嚴重的後果。

2. 市場經濟的自發性、盲目性和求利性會誘發拜金主義

市場經濟是一種交換經濟，它通過物與物的交換來表現人與人之間的關係。它把自然經濟條件下人與人之間的依附關係轉變為商品交換條件下的人對物的依賴關係，市場經濟中人依附於物，受物的主宰，必然會在一部分人中產生商品拜物教、貨幣拜物教。貨幣作為固定充當一般等價物的商品，被人們當作支配一切的力量來頂禮膜拜。認為金錢至上，金錢是萬能的，有錢能使鬼推磨，這就是拜金主義。拜金主義是一種扭曲的價值觀，它把人與人之間的關係看作是純粹的金錢關係，把金錢看成是經濟生活中的鐵律，看做是社會的發動機，當今中國社會出現的「一切為了人民幣」的價值追求，即是拜金主義的表現。而社會上也確實有一部分人喪失了人格的尊嚴，成為金錢的奴隸。拜金危害是顯而易見的，一方面，它使一部分人喪失了人格的尊嚴，成為純粹的自然人和經紀人。另一方面，它又會導致整個社會的信仰危機。

3. 世俗化、功利化的價值取向，容易導致享樂主義的滋長

市場經濟的發展，提高了人們的生活水平，但也刺激了人的物欲的膨脹，致使享樂開始滋長起來。使得一些人從重視經濟效益和物質、財富走向極端功利主義、感性享樂消費主義，進而陷入腐化墮落而不能自拔。「人生在世，吃喝二字」，享樂主義價值觀就是只要物質享樂不要精神追求的典型。享樂主義使人們專注物質利益的擁有，忽略精神價值的追求，失去了對生命的終極關懷。

市場經濟確實有可能產生雙重社會道德效應，即積極的社會道德效應和消極的社會道德效應，而且這雙重的社會道德效應都可以在市場經濟根底處找到它的根源，也都與市場經濟自發的功利性價值取向和個體化價值有關。對個人利益和個人自由的一定程度的認可與重視，固然是人類一次革命和歷史進步，但由此走向極端功利主義、拜金主義、感性享樂主義和極端個人主義、道德虛無主義，就意味著走向道德上的「墮落」，意味著諸多現代化社會病的產生。拜金主義、享樂主義、極端個人主義和腐朽的生活方式，導致一些人人生觀、價值觀、道德觀發生扭曲，崇尚吃喝玩樂，奢侈浪費，甚至沉湎於低級趣味，尋求感官刺激，走向腐化墮落。

三、休閒監管失格致使休閒方式倫理缺失

1. 政府管理倫理的缺失

政府承擔著管理公共事務的職責與義務。從公共管理倫理學的意境來看，一切社會治理的制度、運行程序和公共管理者的行為，都有相應的倫理追求，並遵循一定的倫理原則和規範，以維護作為合價值的倫理秩序。在對休閒產業和休閒活動的引導、監督、管理過程中，強調休閒產業的經濟屬性，缺乏明確的產業發展價值導向、管理倫理理念。具體而言，一是政府在發展休閒產業中的經濟定位。一些地方政府在發展經濟的路徑選擇上，以做大經濟總量為目的，以「GDP」增長論英雄。在發展休閒產業上，過多關注其經濟屬性和功能，忽視休閒產業在心靈減壓，融洽人際關係，促進人與自然和諧等方面的重要作用，即休閒的文化屬性和社會功能。二是在對休閒產業發展管理的失職失責。越來越多的情色休閒場所的出現，污染了休閒的淨土，對於人們尤其是青少年的身心健康產生不利影響。國家每年都會採取措施嚴厲打擊這些情色場所，效果卻不明顯，在嚴打的時候這些場所會收斂一些，一旦放鬆，則死灰復燃。在一些地方，地方政府在利益的驅使之下對這些部門的行為視而不見，甚至個別執法人員成為他們的保護傘。三是在提供公共休閒產品和服務方面的缺乏。為了逐步改善文化民生，近些年來，國家大力推進文化惠民工程建設，在實現廣播電視村村通、送戲下鄉、送文化下鄉、公共文化館博物館免費開放等方面，取得了重大突破和進展。儘管如此，在公共文化服務體系建設上，依然存在一些比較突出的問題，比如：城鄉發展不均衡問題、基層運行維護經費不足問題。這些問題一時難以得到解決，這當然跟經濟社會發展水平有一定關係，但是，一

些地方政府對休閒重視不夠，對投入不足也有必然聯繫。

2. 企業倫理目標的扭曲

企業是從事生產、流通、服務等活動，以盈利爲目的的經濟組織。追求經濟利益最大化是企業生存和發展的重要目標。近年來，國內休閒市場不斷擴大，吸引越來越多的市場要素進入這一新興行業和領域，推動了我國休閒業總體處於積極、健康的發展態勢。但是，由於人們休閒目的多樣化、需求差異化，一些企業在提供休閒產品和服務的過程中，一味以滿足消費者需求爲取向，喪失企業應有的價值觀，引發一系列的企業倫理問題。主要表現爲，一是在企業經濟利益與社會利益面前，以經濟利益爲上，忽視企業應當承擔的社會責任，以滿足「庸閒」，甚至「惡閒」爲業。近年來，一些從事休閒行業服務的企業爲了贏得「市場」，不斷「創新」，推出「特色」，導致「天價」消費現象接連不斷，「黃賭毒」居高不下。不僅浪費社會資源，而且誤導了大眾的消費觀念。二是企業對員工的管理方面，企業在價值觀念的傳播中，起著舉足輕重的作用，往往會成爲一個風向標。大眾的休閒很多時候沒有明確的目標，都是企業如何宣傳，大家就跟風娛樂。所以，在休閒評價方面，企業應該從有利於整個社會發展的角度出發，積極正確的引導大眾。

3. 行業組織的倫理缺失

休閒在行業組織之間的缺失主要分爲行業內和行業外兩個方面。企業的目的是爲了盈利，在行業內部，由於利益的推動作用，在休閒產業的發展方面會推出更多迎合顧客的休閒方式，從而不顧企業自身對社會的責任和道德。爲了滿足消費者的需要，大部分的娛樂場所會增加色情服務，一切只爲了迎合顧客利益。而在行業組織之間，由於存在利益競爭，爲了保持自己在同行業的優勢地位，各企業都會競相推出吸引消費者眼球的休閒活動，從而忽視了道德約束。休閒場所是休閒的主要客體，客體建設的好壞直接與主體的身心發展密切相關，也會對整個社會產生巨大影響。所以，營造一個健康的休閒環境至關重要。行業組織應該樹立正確的價值觀，正確處理利益和道德之間的衝突，營造良好的休閒環境。

4. 新聞輿論監督缺失

在我國休閒業發展中，有很多休閒問題依靠新聞輿論來監督，然而新聞輿論監督方面也存在不少問題。相聲界的諸多演員聯合提出要堅決抵制當下

相聲中的庸俗化、低俗化、媚俗化。對於「三俗」，媒體的態度很曖昧。一方面在進行打擊，另一面爲了收視率又在捧。比如某衛視的相親節目，把庸俗當脫俗，某女嘉賓曾在該節目中狂言「寧在寶馬裏哭，不在自行車後笑」。正是由於拜金主義價值觀對人們思想的侵蝕，主流價值觀受到極大衝擊，甚至脫離了社會道德底線。很多人在叫罵，但是又在追看。媒體應該秉承社會道德，不能爲收視率和發行量而喪失社會擔當，不能爲了追求經濟效益而變得低俗。社會道德水平的降低，媒體有著很大責任。對於 2010 年從某論壇走紅的「鳳姐」和「小月月」事件，以及惡炒走光、漏點的做法，需要媒體進行反思。媒體在追求經濟效益的時候，一定不能完全忘記身上的社會責任。當今社會是一個充滿物質欲望的社會，不少人爲了追求金錢，放棄了最寶貴的廉恥，而經濟利益也成爲評價一切工作的標準，甚至包括政府在內，只要立即能夠產生一定的經濟效益，不管是不是對子孫後代是不是有害。要想有效解決上述問題，社會必須進一步明確道德觀念，拋棄金錢萬能的錯誤認識，通過輿論監督進行正確引導。

第三節　治理休閒道德失範的倫理對策與措施

治理休閒倫理失範是當代中國道德治理的重要內容。它與食品藥品安全、網絡行爲和社會誠信體系建設一樣，理應成爲人們關注的重點。從中紀委關於加強「八小時」以外行爲監控到今年以來開展的關於整治享樂主義、奢靡之風等，從國家旅遊局頒發的國民旅遊條例到《國民休閒綱要》，都涉及休閒倫理失範的治理問題。休閒倫理治理是提升休閒生活品質、純化社會風氣、促進個體成員身心健康和建設先進文化的內在要求，事關無數個體、家庭和社會的幸福生活，無疑是一件必須認眞應對和著力解決的重大問題。

一、強化休閒主體的內心信念和自我道德修養

休閒主體的內心信念是休閒主體自身對一定的休閒倫理原則、道德規範的理解和認同的結果，這種通過休閒主體的內心信念而進行的倫理評價的形式在整個休閒倫理評價體系中是最爲具體的評價。它是每一個休閒主體在每一項的休閒行爲選擇中作出。如果說，社會輿論和傳統的習俗的評價屬於客觀評價形式，那麼休閒主體的內心信念的評價則屬於主觀評價的形式，是在休閒主體內心深處進行和完成的道德行爲評價，屬於「自律」的範疇。

　　內心信念之所以在休閒倫理評價中具有重大的意義，其原因和休閒主體進行休閒活動的特性密切相關。休閒活動具有巨大的社會影響力，休閒主體的所做行為、言論等在他人的聚焦下有著導向的作用，會影響他人的行為和思想。休閒主體在通過內心的信念進行自我倫理評價後對符合社會道德規範的善行，往往會感到光榮、崇高、問心無愧，並能產生良好的社會輿論效果。反之，則會感到羞愧並產生不良的社會反響。內心信念的評價作用最能體現在倫理道德的自律性。在人們的日常生活中也經常會遇到這樣的情形：同樣的社會輿論，對一些人來說具有很強的約束力，而對另一些人來說卻絲毫不起作用，面對強大的社會輿論，有的人充耳不聞，處之泰然，依然固我。這說明在沒有形成特定的內心道德信念的人的身上，社會輿論無法發揮作用。因此，從根本上看，我們今天社會主義精神文明建設必須解決好樹立全民內心信念的問題上，而休閒主體的這種內心道德信念的樹立是實現由「他律」到「自律」轉化的必然要求，是社會主義精神文明建設的重要組成部分，對於廣大的人們群眾確立倫理道德標準具有良好的示範影響。

　　在追求健康休閒中一定要重視休閒主體的自我修養的提升，這是最為關鍵的環節。自我修養指的是人們一定要有明確的判斷是非的標準，保證在休閒活動中能夠避免陷入低俗的休閒活動中，積極追求高雅休閒。〔註12〕自我修養講求返躬內求、自我省察、自我觀照，不斷地進行自我批評、自我檢查、自我淨化和自我完善。同時應當注重慎獨，亦即在缺乏監督的情況下，嚴格按照道德的要求來指引自己的行為，不會因為缺乏監督就任意妄為。慎獨尤其需要加強自我約束，防微杜漸，依靠修養修養者內心的信念來控制自己的行為。道德修養要求主體一旦發生思想上的偏斜，就會在愧疚、悔恨的心理狀態中進行自我批評、自我鬥爭。它是在自我約束的基礎上對自我進行完善，以實現自我昇華，這是不斷完善自我的最有效途徑。「抑制私欲一閃念「法，指的是休閒主體在外部因素的影響下以及主觀能動性的推動下，及時抑制自己內心瞬間出現的私欲。這是進行自我監督的最關鍵，也是最困難的環節，所以每一個休閒主體都應該在事前多問「如何做」。

　　加強休閒主體的自我修養，幫助主體樹立是非感和榮譽感，形成自覺休閒觀。人的全面自由發展是社會個體參與社會活動的素質基礎，也是實現社會主義的必要條件。儘管休閒生活屬於自有生活，但對部分社會個體而言，

〔註12〕參閱袁其微：《休閒的倫理思考》，湖南師範大學碩士學位論文 2005 年 3 月。

休閒生活經常意味著無奈，他們經常在多種多樣的休閒生活中迷失方向。休閒主體參與社會休閒活動的時候，一定不要迷茫，要形成一定的主體意識和批判的意識。在休閒活動中，個體行爲應建立在「適度消費」的基礎上，同時結合個人的社會貢獻來確保休閒的可能性。個體的休閒價值應該建立在個體社會貢獻和工作能力上。在中國傳統倫理文化中，精英文化強調加強個體的自我修養，而大眾文化卻將恥感文化觀放在較爲突出的位置，這是一對自始至終都存在的矛盾，前者主張向內求，後者主張向外求。在社會中大範圍流行的恥感文化觀，使人們的休閒行爲更多地依靠他人的監督。〔註13〕

二、以休閒倫理的合理社會評價引領休閒活動

休閒倫理評價即是依據一定的倫理原則和道德標準對休閒主體在進行休閒活動時之間的倫理關係以及休閒主體行爲的善惡作出判斷的社會精神活動過程。

從樹立正確的休閒倫理評價標準的角度來講，我們既要看到當前休閒倫理道德新的發展變化特點，又要樹立起深化改革的信心和勇氣。只看到當今休閒倫理失範等一系列令人不滿現狀，卻看不到在轉型期的多重價值標準衝突孕育的機遇和調戰，放棄了評價標準的建設，也就放棄了弘揚正氣的陣地。

制定合理的休閒倫理評價標準：（1）休閒倫理評價標準必須具有客觀性和確定性。休閒倫理評價的主體既可以是評價的主體，也是被評價的對象。所以在評價自身時必須堅持客觀性的原則。按照確定的標準進行正確的、符合實際的評價；（2）休閒倫理評價標準應當是普遍性與具體性的統一。休閒倫理評價的標準時歷史的、相對的和發展變化的，原則上講，不存在超時代、超階級、超民族的「普遍適用」的標準。休閒倫理的標準總是隨時代的變遷、階級關係力量對比的消長、社會地位和利益坐標的改變、社會公眾善惡評價標準的變化而不斷發展變化。這就是休閒倫理評價標準歷史性、具體性、相對性的一面；（3）休閒倫理評價的標準應當是理想性與現實性的統一。休閒倫理評價的標準及其評價體系的建立要從社會經濟、政治和倫理關係的具體發展階段和實際情況出發，把休閒倫理評價標準的理想性與現實性結合起

〔註13〕 袁其徵，對當前中國休閒異化現象的倫理思考〔J〕，綏化學院學報，2005 年第二期。

來，兼顧道德標準要求「應然」向「實然」的轉化趨勢，在上述最高目標和根本要求的指導下，制定出一整套分層次、有系統的倫理原則和道德規範體系，作爲對休閒主體倫理道德行爲善惡評價的具體標準。這一特性反應在國外先進休閒倫理評價標準的借鑒過程中也同樣具有重要的意義。休閒倫理評價標準的形成本來就有歷史繼承性的特點，各國各地區在不斷健全和發展休閒倫理評價體系的過程中，也總是把他國的標準與自身的傳統和現實密切的結合，也只有這樣，才能找到切實可行的評價原則與規範。我們在參考借鑒世界各國先進的休閒倫理評價體系並形成自身評價標準的過程中不應全盤照搬，更不能脫離社會生活發展的實際狀況〔註14〕。

社會輿論評價是休閒倫理評價眾多評價方式中重要的一種，它主要是由口頭議論和大眾傳播兩個方面組成。口頭議論是指評價主體依據一定的倫理原則和道德規範對評價的對象進行評論、肯定、讚揚、指責和貶斥，並通過街談巷議、彼此相傳的形式，對評價的對象施加影響。大眾傳播則是通過利用一定的傳播工具（諸如報紙、廣播、電視、板報、會議等），對評價的對象的行爲進行善惡評價，並對被評價的對象施加影響，在更大的範圍內起到抑惡揚善的作用。

社會輿論的評價對於培養休閒主體人員的良好道德品質、抑制和及時治理種種休閒倫理失範行爲起到十分重要的作用。事實上，休閒倫理原則和道德規範之所以能夠產生約束力，在很大的程度上也是因爲有強大的社會輿論作保障。日常生活中，人們會隨時隨地可以感受到社會輿論的特殊權威性，對於那些在道德失範邊緣的休閒主體來說，他們之所以不敢不願做這些失範的行爲，並不是害怕法律、紀律，而是因爲在內心深處懼怕強大的社會輿論的譴責。

社會輿論蘊涵了廣大人民群眾的情感、意志和價值取向，並且能給人以榮譽或恥辱的內心感受。社會輿論的淩兩一旦形成，必然迫使人們在道德行爲方式的選著上不得不從分考慮其評價作用，不得不考慮社會輿論所代表的社會物質力量。

社會輿論的發展和存在具有不平衡的特點，有時強，有時弱，在某些地方強，在某些地方弱。一般的講，在一定的社會中和一定的群體內，如果占

〔註14〕張康之，李傳軍，行政倫理學教程〔M〕，北京：中國人民大學出版社，2004：358。

主導力量的社會公眾的倫理道德觀念成熟、穩定，並形成了比較一致的情感、意志、信念和願望，所孕育產生的社會輿論往往會比較強；反之，則會比較弱。由於社會方式和人利益關係的變動，也由於社會關係的複雜性和人們倫路道德意識水平的不平衡性，社會輿論在對休閒主體的道德行爲進行評價時所表現出來的作用有時大，有時小，在一部分人群中作用大，而在另一部分人群中作用小。無論如何社會輿論的強弱往往是休閒行爲道德的「試金石」。

在重視社會輿論評的休閒倫理評價作用的同時，我們應區分不同的輿論在性質和力度上的差別。社會輿論在性質上有正確的輿論和錯誤的輿論之分，在力度和廣度上又有強弱大小的差別。同一時代社會輿論形成的基礎是特定的經濟關係，反應一定社會群體的倫理道德準則和規範要求，體現該社會的價值取向，但是作爲一定社會成員報答意願的特殊方式，社會輿論不可避免的參雜著很多不符合時代發展潮流的價值觀念和倫理規範意識。因此，我們要正確的利用社會輿論的評價。

行政評價是在長期的行政管理實踐中形成的穩定的、習以爲常的行爲傾向和行爲模式，由於它歷經長期的歷史檢驗而有著歷史的合理性，由於它包含著穩定的行政文化而具有普遍的認同性，同時，由於行政行爲習慣是一種長期的行政管理實踐和處理公共事務經驗的物化形態，因而具有很強的適應性。總之，行政行爲習慣反應了行政管理活動中所必須的某些定式，是歷經無數次倫理衝突和道德矛盾而沉澱下來的行政行爲傾向，能夠對休閒倫理關係及其道德行爲作出評價，但這種評價方式往往會出現不加過多的思索和審視，按常規的經驗和比較作評價。

從社會輿論、行政評價、休閒主體內心信念這三者的關係來說，社會輿論的作用往往離不開休閒主體內心道德信念及其堅定的程度；而休閒主體的內心信念又往往在一定的輿論氣氛和道德習俗中慢慢的形成。輿論和習俗的持續發展有助於使某種規範轉化爲信念，即實現由「他律」到「自律」的轉化。總之，社會輿論的作用的發揮以內心信念爲基礎，內心信念和行政評價的強化也勢必有助於形成強大的社會輿論；行政評價離不開內心的信念並且有時會以一定形式的社會輿論的方式出現。由這三者構成的整個評價系統內部的良性互動必然會促進休閒倫理的進步〔註15〕。

〔註15〕張康之，李傳軍，行政倫理學教程〔M〕，北京：中國人民大學出版社，2004：363～367。

三、建設積極健康進步的休閒倫理文化

　　休閒文化是當代文化的重要類型。它不僅是一個國家生產力水平高低的標誌，更是衡量社會文明的尺度，是人的一種嶄新的生活方式、生活態度，已成為全社會關注的領域。休閒文化的自覺就是要把外來的休閒文化和中國的休閒文化結合在一起，培育出新型的休閒文化。

　　從根本上講，休閒是一種文化活動。休閒活動自然有高尚和低劣之別，也就是人們所說的「惡閒」、「庸閒」、「雅閒」。以促進人的全面發展為目的的休閒自然是「雅閒」，因此，文明是一切休閒消費的根本要求。首先，文明休閒要求既重視物質需要，又追求精神需要。在休閒消費中，要以文化、學習、藝術、娛樂為主要內容，把提高文化素質和精神修養作為主要目的。其次，文明的休閒消費文化要體現在消費方式和消費手段的文明上。比如，在消費過程中，要尊重他人、敬畏自然，維護人與人、人與自然之間的和諧。此外，文明的休閒文化是一種理性的文化。也就是說，文明的休閒消費文化承認並尊重休閒消費的正當性，同時也反對非理性的消費行為。

　　休閒消費文化必須是健康的。從休閒消費的內容和方式上來講，就是要自覺抵制不健康的、低級的、庸俗的消費心理和消費方式。所謂健康的消費心理，就是要剋制放縱無度、放任違法的消費方式，倡導和鼓勵合法、正當、適度的休閒消費行為。特別是在文化娛樂生活領域，要堅決抵制「低俗、庸俗、媚俗」之風。

　　大眾文化的傳播和大眾休閒的趨勢與社會影響有關。因為大眾傳媒正在逐漸成為引領健康休閒生活的重要場所，如網絡、電視、雜誌、報紙等既屬於積極倡導社會主義精神文明的重要場所，同時也是引領健康休閒生活的主要陣地。任何人都生活在一定的社會中，因此人的行為在一定程度上要受到其他個體或者社會的影響，總會被社會的某些行為所影響。所以，當前社會面臨的一項重要任務就是構建健康休閒的良好氛圍，倡導社會個體積極從事有序的、文明的健康休閒活動。休閒活動對大部分人來說，總會受到社會習俗、生活經驗、傳統文化等因素的影響，所以它並不是純粹意義上的理性行為。目前，我國的休閒領域不但存在著健康、上進的內容，同時也沒有消除那些不良的、消極內容。另外，隨著全球一體化的發展，大量的西方文化湧入我國，而某些消極休閒理念也進入我國的休閒領域，它們成為人們堅決抵制的不良內容。最近，某些綜藝節目很明顯地體現出拜金主義的趨勢，人們

跟風似地去購買奢侈品，這些現象都會影響大眾的休閒觀。心理學上有一種從眾心理，人的行為很容易受他人和社會的影響。社會應該借助於恰當的手段、方法，在合適的情況下進入休閒領域，使人們出現健康、向上的休閒行為，構建和諧、健康的休閒文化。

四、建立健全健康向上的休閒倫理制度

首先，在規章制度方面。1990 年 2 月，國家旅遊局制定的《旅遊安全管理暫行辦法》就是為了加強休閒旅遊管理，保障休閒旅遊者的人身、財物安全，在第四章中明確了對旅遊安全管理的情況進行獎勵與懲罰，如在第十三條中旅遊安全工作中做出顯著成績或有突出貢獻的單位或個人，給予表彰或獎勵；並在第十四條中對違反有關休閒旅遊安全法規而造成休閒旅遊者傷亡事故和不履行本辦法的，由旅遊行政管理部門會同其他有關部門對直接責任人和責任單侵害休閒旅遊者的合法權益的行為相應的處罰。其中又在第八條中明確規定了旅遊安全管理機構的主要職責是督促本地區旅遊企、事業單位貫徹執行旅遊安全的各項法規的情況以及落實有關休閒旅遊者人身、財物安全的保險制度的情況等。這充分說明相關的休閒旅遊監督機構對在休閒旅遊中存在的不合理的情況，能夠及時從制度上採取措施予以解決。2007 年 9 月國家旅遊局印發的《旅遊資源保護暫行辦法》目的為了加強對休閒旅遊資源和生態環境的保護，促進休閒產業的健康協調可持續發展。其中規定旅遊行政管理部門應加強對有關開展休閒旅遊資源的招商開發活動的監督與檢查，並在經過批准後，還要將破壞旅遊資源事件的相關情況及時向社會通報，正確引導輿論，接受社會各界監督，等等。2010 年 1 月國家旅遊局審議通過了《旅遊投訴處理辦法》，確立了維護休閒旅遊者和休閒旅遊經營者的合法權益的基本理念。明確了在反對休閒旅遊經營者侵害休閒旅遊者的合法權益，開展倫理監督的過程中，各方的責任和義務。

其次，在行政法規方面。1996 年 2 月，國家旅遊局頒佈的《旅行社管理條例》的基本理念是通過加強和規範對旅行社的管理，保障休閒旅遊者和旅行社的合法權益，從而維護休閒產業市場秩序，促進休閒旅遊業的健康發展。比如，為了維護旅遊市場秩序，在該條例的其中第二十八條中要求旅遊行政管理部門應當加依法強監督與管理旅行社、外國旅行社常駐機構的；而第二十九條旅行社應當依法監督與檢查旅遊行政管理部門對其服務質量、旅遊安

全等經營情況。1999 年 10 月我國出臺實行了《導遊人員管理條例》，這是一部專門規範導遊活動，保障休閒旅遊者和導遊人員的合法權益的法規，以特別的條例賦予了旅遊行政部門對導遊從業人員的導遊活動的執行權力，同時，加強了休閒旅遊者的保護，積極鼓勵和支持休閒旅遊者參與對導遊人員和旅遊行政部門工作人員的監督與評價工作。這些相關的規定，對於休閒產業的健康發展有著重要的作用。同時，在 2009 年 1 月修訂的《新旅行社條例》在第五章的監督檢查中有所完善，其中第四十一條旅遊、商務等有關部門應當依法加強對旅行社的監督管理，並應當及時予以處理在休閒旅行活動出現的違法行為；在第四十二條中休閒旅遊行政管理部門應當及時把在休閒旅行中的監督檢查的具體情況向社會公告，讓人及時瞭解相關情況。這些制定的規範和監督休閒行為的行政法規，在一定程度上有利於促進人們形成良好的休閒倫理道德。

最後，在市場監管方面。國家旅遊局基於休閒旅遊服務的調查過程中發現在休閒服務質量和休閒市場管理監督方面存在一些漏洞，就緊急出臺了《關於加強旅遊服務質量和市場秩序監督管理工作的意見》，主要針對目前休閒市場上存在用超範圍經營招徠遊客，通過虛假性廣告欺詐休閒旅遊者，普遍存在出境遊零負團費經營方式，誘導休閒旅行者參加一些不健康活動等不良現象。國家旅遊局重點整治出境遊零負團費，同時要求各地加大對休閒市場的監管。目前在我國市場經濟迅猛發展的同時，誠信問題越來越成為社會關注的焦點。在休閒生活中，休閒信用危機也已開始顯現，這在一定程度上影響了我國休閒產業的健康發展，因此加快我國休閒產業誠信體系的建立刻不容緩。針對此情況，國家旅遊局於 2000 年制定了一份《關於以誠信促進旅遊業的持續發展》的規範性文件，通過新聞媒體輿論以及休閒者的投訴反饋對休閒企業和休閒經營人員的一些不誠信行為進行監督，以建立完善的休閒倫理監督機制。

綜觀上述情況，可以看出當前休閒倫理監督與評價機制仍處在初步階段。因此，要規範休閒倫理主體的休閒行為與促進我國休閒倫理監督與評價機制的形成與發展，就必須從法制建設、市場監管和規章制度建設等這三個方面來入手，將休閒倫理道德建設和構建社會主義和諧社會緊密相結合，要處理好並解決各種休閒利益之間的矛盾，改善各種休閒利益的之間關係，為建立規範有序的休閒市場打下堅實的基礎。

　　休閒倫理的監督與評價是休閒倫理制度化建設中十分重要的環節。休閒倫理的道德的原則與規範所產生的作用能真正有效的得到發揮，就必須依賴於相應的監督評價機制；而休閒倫理的觀念、心理、理想、態度、作風等一系列的內容既要通過這一機制得以實現，又要通過這一機制得以檢驗。從這個意義上來講，休閒倫理的監督與評價既是休閒倫理建設的措施，同時是休閒倫理建設的目的。儘管休閒倫理的監督與評價古已有之，但在傳統的統治性治理模式下，傳統的監督評價往往是以滿足統治階級的統治需要而產生的，以個人為中心，無法產生真正的休閒倫理的監督與評價機制。休閒倫理監督與評價機制的建立是傳統模式向現代模式轉化的必然要求，或者說，現代社會以人為本的模式是現代休閒倫理監督與評價不斷健全與發展的根本動因。只有通過多種形式、多元化主體參與休閒倫理監督與評價，才能更大程度的實現休閒主體的社會參與，實現以人為本的現代休閒倫理監督與評價。〔註16〕

　　在建設當代中國先進休閒倫理文化過程中，需要實現休閒管理制度的不斷改進與完善。政府要加強執法，對違反法律規範，對社會造成不良影響的惡閒給予嚴厲打擊；企業要增強自身的社會責任感，切實保護好消費者的休閒利益，實現企業與消費者的「雙贏」；大眾傳媒和互聯網要自覺從社會主義核心價值觀念出發，引導社會輿論向著健康的方向發展；個人要加強自身修養，從內心深處規範自己的意識與行為，並在無形之中影響身邊人的意識與行為。

〔註16〕張康之，李傳軍，行政倫理學教程〔M〕，北京：中國人民大學出版社，2004：342。

結語 建設具有中國特色的社會主義休閒倫理學

　　休閒是人類不同於勞作的生存方式，休閒需求建立在人的本質屬性基礎上，如果需求不存在，那麼休閒也不會存在，如果沒有休閒，人類生存難以繼續維持。科學休閒指的是那種對人的身心健康有利，能夠促進人的全面發展，同時有利於經濟的提升，改善生態環境的休閒活動。人一定要在休閒活動中表現出超越自我、超越現在的創新精神，這樣才能構建出健全的精神生活，使人的精神與物質、個體與社會之間能夠和諧發展，充分發揮休閒活動促進人的全面發展的功能。休閒是人的本質在更高層次的展現，是人全面發展不可或缺的內在環節。

　　休閒行為伴隨著人類社會發展的始終，並隨社會的發展而發展。如今，國內普通工作人員每天將會有將近 8 個小時屬於閒暇時間，而休閒也因此成為城市居民活動中最重要的活動。休閒不但屬於人的生活方式，屬於生命的存在形式，它是直接脫離物質環境以及文化環境的相對自由的生活方式，休閒不但為了放鬆身心，更重要的是探尋生命的價值，找到生命的重要意義。

　　正是因為休閒對我國的國家形象以及國民教育、消費、就業、健康乃至幸福生活等方面具有積極影響，《國務院關於加快發展旅遊業的意見》（國發〔2009〕41 號）明確提出，「制定國民旅遊休閒綱要。」總的說來，《國民休閒綱要》是一項事關國民健康、就業、消費、教育、形象和幸福的工程，它秉著「著眼民生、普遍受益」，「統籌協調、整合資源」，「政府引導、社會參與」，「分類指導、試點先行」，「總體安排、分步實施」的基本原則，逐步推

進我國休閒事業的發展，力求在區域、城鄉、貧富乃至代際之間做出合理的協調與平衡，通過各種有效手段實現人民文明休閒的目的。蘊含於《國民休閒綱要》中的有關人生價值、以人爲本、平等公正，乃至和諧與發展等理念，爲我們建設具有中國特色的社會主義休閒倫理學提供了有益的借鑒，是發展我國休閒倫理文化，並建立與之相應的健康、先進的休閒倫理學必須堅持和遵循的。

從根本上說，休閒倫理學是對生命意義和快樂價值的探索，是促使休閒主體個性發展和自我完善的倫理精神支撐。休閒倫理學要求休閒主體要提前規劃好自己的休閒時間和休閒活動，不但要在休閒活動中愉悅身心，同時也要注重自我開發，提升生活質量、生存質量和生命質量。休閒活動既是人的生活節奏的調節，又是人的天性的體現，也有利於人的自由個性的發展和人格的完善。

建設具有中國特色的社會主義休閒倫理學，要堅持以馬克思主義理論爲指引，以倫理學的基本理論及其具體要求爲根基，以實現休閒行爲和方式「善」與「正當」有機結合爲目的與效果。以人爲本是建設有中國特色的社會主義休閒倫理學的核心理念。貫徹以人爲本，要求我們首先要做到，在反對各種虛假的形式對人之休閒權利的實際剝奪的基礎上，切實保護人之休閒權利。西方社會早在工業革命初期，因勞動時間過長，處於勞動階級的工人就開始了與資本家爭奪休閒時間的鬥爭。英國工人從中世紀開始鬥爭，直至 1847 年終於取得勝利，以法律形式確定了 10 小時工作日制度，使以往所謂的「日光工時」制度得以廢除。在當代中國，那種隱性延長勞動者工作時間，以推動自身私利實現，卻剝奪他人休閒權利的現象依然存在。

當代中國正處於社會轉型時期，社會主義市場經濟使經濟獲得蓬勃發展，也導致了社會發展的不平衡。2007 年《小康》雜誌對中國三大階層之休閒狀況的調查顯示，對休閒最不滿意的是農民階層。今天的「三座大山」（即住房、教育與醫療）問題已經愈來愈突出，它重重地壓在普通民眾的身上，令其難以「喘息」。即使社會給予部分農民以閒暇時間，卻沒有賦予其休閒娛樂的條件。因此，建設當代中國的先進休閒倫理文化，就是要破除這種不公平現象，樹立休閒普遍化、休閒全民化的觀念，使人人享受休閒的權利和機會。

建設以人爲本的社會主義休閒倫理學，要區別人之合理需求與欲望的差

別。人的合理需求是必須滿足的，而人的欲望尤其是一些不切實際的欲望是需要抵制的。休閒是人生的需求，我們應大力滿足所有人的休閒需求。但是不可忽視的是，如今人們將人類某些貪婪的欲望強加於休閒之上，還誤以為這是正當的需求。其次，要注意手段的正當性。不能以滿足正當需求為由，對既有和諧秩序和穩定造成破壞。這一點需要政府、社會以及個人等共同努力。

建設以人為本的社會主義休閒倫理學，需要我們從整體上把握，真正做到人人都享有平等的休閒權利。大力提倡先進的、健康的休閒即「雅閒」，避免那些所謂的「惡閒」與「庸閒」，以建立科學、文明、健康、適度的休閒倫理文化。休閒倫理文化是建立在人們的基本需求得到滿足的基礎上，它是人類為了追求更高層次需要所進行的實踐活動，它不但能夠對人的身心發展產生影響，還能夠成為人們發現自我、發展自我的重要途徑，實現人的全面發展是它的最根本家猴子目標。

從人全面發展的維度來看，休閒倫理具有以下三個方面的內在規定性。

第一，滿足人實現自我的需要。實現自我是人類休閒活動的終極目標，它的根本目的是滿足人的自身需求，同時促進人的給下能夠發展，通常表現為自我滿足、自我發展等活動。〔註1〕如今的社會是一個知識經濟的社會，物質需要已經不再佔據人類需要的首要地位，精神需要成為人類最主要的需要。休閒是建立在人們脫離一切外在壓力的基礎上的自由生活。休閒通過人的外在行為表現，產生出一種獨特的文化底蘊，進而滿足人在實現自我的過程中產生的高級需要。

第二，展現人的自由個性，並發展個性。馬克思主義觀點認為，人與人在自然共同體中屬於互相依賴的關係，沒有突出的個性；人與人在經濟共同體中屬於對物的依賴關係，人的個性被壓抑；人處於自由人聯合體中，全體人實現自由發展的前提條件是每一個人的自由發展。〔註2〕閒暇帶有自主性，證明人可以選擇更加個性化的生活，所以從某種程度上說，休閒不但屬於享受生活，更屬於改造生活，以便為個性的展現創造良好的空間條件。

第三，豐富人的社會關係。人的全面發展的過程實際上是人不斷豐富自

〔註 1〕王永明，休閒與人的全面發展〔J〕，山西師大學報：社會科學版，2006，（1）：60。
〔註 2〕馬克思恩格斯選集第1卷〔M〕，北京：人民出版社，1995：294。

己與社會關係的過程。在如今這個信息化的歷史時期，人們的基本生活形式已經表現爲通過多種多樣的休閒方式參與社會生活。人們在社會中積極進行社會交往活動，不斷豐富自己的社會關係；人在社會中積極探索、表達共同體及親密關係，目的是建構良好的社會關係。所以，休閒是人的全面發展的基礎，能夠推動人的全面發展的實現。〔註3〕

休閒是當代人類共同追求的關於人的本質和人性的發展，它是社會上獨立的人全面自由的發展，它不僅能夠展現人的本質力量的全面發展，同時也能夠表明人性的形成。休閒教育的最根本目的是實現自我發展，推動人向著自由全面的方向發展，這既是個體在發展過程中表現出來的主動追求，同時也是社會對個體發展的基本要求。

休閒倫理學能夠充分顯示出人類從滿足現實的基本生活需要轉向對精神生活的嚮往，它是一種對社會發展進程具有校正、平衡、彌補功能的文化精神力量。以文明休閒爲主要內核的休閒倫理擯棄那些落後、腐朽、愚昧的東西，服務於在全社會建立適應現代社會發展和社會進步要求的文明、健康、科學的生活方式。建設具有中國特色社會主義休閒倫理學有助於樹立良好的社會風尚，提高人們的道德水平和社會責任感，強化愛國主義和集體主義精神，爲社會主義精神文明和先進文化建設服務。

〔註3〕 張銳鴻，略論休閒與人的全面發展〔J〕，漳州師範學院學報，2007，（2）。

參考文獻

一、經典著作

1. 馬克思：《1844 年經濟學哲學手稿》，《馬克思恩格斯全集》第 3 卷（第二版），人民出版社，2002 年 10 月。

2. 馬克思、恩格斯：《德意志意識形態》，《馬克思恩格斯全集》第 3 卷，人民出版社，1960 年 12 月。

3. 馬克思、恩格斯：《共產黨宣言》，《馬克思恩格斯文集》第 2 卷，人民出版社 2009 年 12 月。

4. 馬克思：《資本論》第 1 卷，《馬克思恩格斯文集》第 5 卷，人民出版社 2009 年 12 月。

5. 恩格斯：《家庭、私有制和國家的起源》，《馬克思恩格斯文集》第 4 卷，人民出版社 2009 年 12 月。

6. 列寧：《偉大的創舉》，《列寧專題文集：論社會主義》，人民出版社，2009 年 12 月。

7. 毛澤東：《倫理學原理批註》，《毛澤東早期文稿》，湖南出版社 1990 年 7 月。

二、學術著作類

1. 馬惠娣，《走向人文關懷的休閒經濟》，中國經濟出版社，2012 年 7 月。

2. 郭魯芳，《休閒學》，清華大學出版社，2011 年 12 月。

3. 李仲廣，《基礎休閒學》，社會科學文獻出版社，2010 年 6 月。

4. 章海榮，《休閒學概論》，雲南大學出版社，2012 年 10 月。

5. 黃卓越等，《東方閒情》，百花洲文藝出版社，1992 年 1 月。

6. 蔣松元主編，《歷代山水小品》，湖北辭書出版社，1994 年 10 月。

7. 宋凝編著，《閒書四種》，湖北辭書出版社，1995 年 10 月。

8. 致新主編，《明清性靈小品》，湖北辭書出版社，1994 年 10 月。

9. 童仁編，《現代閒情小品》，湖北辭書出版社，1994 年 10 月。

10. （明）李漁，《閒情偶記》，作家出版社，1995 年 7 月。

11. （明）洪自誠，《菜根譚》，嶽麓書社，1991 年 2 月。

12. （明）呂坤，《呻吟語》，嶽麓書社，1991 年 2 月。

13. （清）沈復，《浮生六記》，作家出版社，1995 年 7 月。

14. 林語堂，《人生的盛宴》，海南出版社，1994 年 12 月。

15. 梁實秋，《人生秋歌》，海南出版社，1994 年 12 月。

16. 馮俊科，《西方幸福論》，吉林人民出版社，1992 年 12 月。

17. （古希臘）荷馬，《荷馬史詩》，陳忠梅譯，國際文化出版公司，2006 年 1 月。

18. （古希臘）赫西俄德，《工作與時日》，張竹明等譯，商務印書館，1991 年 11 月。

19. （古希臘）柏拉圖：《理想國》，郭斌和等譯，商務印書館，1986 年 8 月。

20. （古希臘）愛比克泰德：《生活的藝術》，劉津等譯，中國發展出版社，2004 年 4 月。

21. （法）蒙田，《夢田隨筆全集》，馬振聘譯，上海書店出版社，2009 年 3 月。

22. （英）斯邁爾斯，《品格的力量》，李柏剛等譯，北京圖書館出版社，1999 年 10 月。

23. （德）克萊因，《幸福之源》，方霞譯，中信出版社，2007 年 1 月。

24. （美國）布魯斯，《人應該如何生活——柏拉圖《王制》釋義》，劉晨光譯，華夏出版社，2009 年 10 月。

25. （美國）查爾斯·K·布賴特比爾，《休閒教育的當代價值》，陳發兵 劉耳 蔣書婉譯，中國經濟出版社，2009 年 8 月

26. （美國）克里斯多夫·愛丁頓，《休閒：一種轉變的力量》，陳彼得 李一譯，浙江大學出版社，2009 年 12 月。

27. （美國）艾澤歐·阿荷拉，《休閒社會心理學》，謝彥君等譯，中國旅遊出版社，2010 年 10 月。

28. （美國）麥克林等，《現代社會遊憩與休閒》，梁春媚譯，中國旅遊出版社，2010 年 10 月。

29. （英國）羅傑克（Chris Rojek），《休閒理論原理與實踐》，張凌雲譯，中國旅遊出版社，2010 年 8 月。

30. （加拿大）埃德加‧傑克遜《休閒的制約》凌平 劉曉傑 劉慧梅譯，浙江大學出版社，2009 年 11 月。

31. （美國）托馬斯‧古德爾，傑弗瑞‧戈比，《人類思想史中的休閒》，成素梅等譯，雲南人民出版社，2000 年 8 月。

32. 約翰‧凱利，《走向自由——休閒社會學新論》，雲南人民出版社，2000年 8 月。

33. 卡拉‧亨德森等，《女性休閒：女性主義的視角》，雲南人民出版社，2000年 8 月。

34. 傑弗瑞‧戈比《21 世紀的休閒與休閒服務》，雲南人民出版社，2000 年8 月。

35. 傑弗瑞‧戈比《你生命中的休閒》，雲南人民出版社，2000 年 8 月。

36. 約翰‧赫伊津哈，《遊戲的人》，中日美術學院出版社，1996 年。

37. （英國）羅素：《悠閒頌》，《羅素文集》，改革出版社，1996 年 9 月。

38. Josef Pieper,Leisure: the Basis of Culture, Random House, Inc., 1963.

39. Mortimer J. Adler, How to Think about the Great Ideas, Open Court Publishing Company.

40. Charles K. Brightbill, Educating for Leisure-Centered Living, printed in the United States of America, 1966.

41. Edgar L. Jackson Q. Thomas L. Burton, eds., Leisure Studies: Prospects for the Twenty-First Century, Venture Publishing, Inc., 1999.

42. Driver, B., Brown, P. & Peterson, G. eds., （1991）.Benefits of Leisure. State College, PA: Venture Publishing, Inc.

43. Burton, T. L. （1982）. "The Roles of Government in the Leisure Services Devlivery System", Recreation, 4, 131～150.

44. Glover, T. D. & Burton, T. L. （1998）. "A Model of Alternative Forms of Public Leisure Services Delivery". In M. F. Collins & I. S. Cooper （Eds.）,Leisure Management Issues and Applications. Wallingford, UK: CAB International.

三、論文類

1. 袁其微，休閒的倫理思考〔D〕，湖南師範大學，2005 年。

2. 劉慧梅 張彥：西方休閒倫理的歷史演變〔J〕，《自然辯證法研究》2006年 04 期。

3. 卿前龍，西方休閒研究：歷史與現狀〔J〕，科學對社會的影響，2004 年03 期。

4. 宋瑞，國內外休閒研究掃描——兼談建立我國休閒學科體系的設想〔J〕，旅遊學刊，2004 年 03 期。

5. 吳文新，閒暇、自由和休閒——從馬克思「工作日」理論看休閒的內容和必然性〔J〕，毛澤東鄧小平理論研究，2005 年 09 期。

6. 李斌，近代英國民眾休閒生活史研究述評〔J〕，史學集刊，2004 年 02 期。

7. 許斗斗，馬克思休閒價值思想探析〔J〕，學術研究，2006 年 05 期。

8. 崔偉奇，現代休閒研究的哲學意蘊〔J〕，中共中央黨校學報，2003 年 02 期。

9. 劉海春，論休閒的價值功用〔J〕，廣東社會科學，2006 年 04 期。

10. 劉耳，中國古代休閒文化傳統〔J〕，自然辯證法研究，2001 年 05 期。

11. 馬惠娣，休閒——文化哲學層面的透視〔J〕，自然辯證法研究，2000 年 01 期。

12. 陸彥明，馬惠娣，馬克思休閒思想初探〔J〕，自然辯證法研究，2002 年 01 期。

13. 蘇北春，快樂哲學與休閒體驗：消費時代的旅遊審美文化〔J〕，東北師大學報（哲學社會科學版），2008 年 04 期。

14. 方青，鄔麗麗，1980 年以來的中國休閒研究〔J〕，安徽師範大學學報（人文社會科學版），2009 年 01 期。

四、一般參考類

1. 《易傳》，《十三經注疏》，北京：中華書局，1979 年版。

2. 《尚書》，《十三經注疏》，北京：中華書局，1979 年版。

3. 《詩經》，《十三經注疏》，北京：中華書局，1979 年版。

4. 《左傳》，《十三經注疏》，北京：中華書局，1979 年版。

5. 《禮記》，《十三經注疏》，北京：中華書局，1979 年版。

6. 《論語》，《十三經注疏》，北京：中華書局，1979 年版。

7. 《孟子》，《十三經注疏》，北京：中華書局，1979 年版。

8. 朱謙之：《老子校釋》，《新編諸子集成》，北京：中華書局 1984 年版。

9. 王先謙：《莊子集解·莊子集解內篇補正》，《新編諸子集成》，北京：中華書局 2006 年版。

10. 王先謙：《莊子集解·莊子集解外篇補正》，《新編諸子集成》，北京：中華書局 2006 年版。

11. 王先謙：《荀子集解》，《新編諸子集成》，北京：中華書局 2006 年版。

12. 吳毓江：《墨子校注》，《新編諸子集成》，北京：中華書局 2006 年版。

13. 司馬光：《資治通鑒》，北京：中華書局 1956 年版。

14. 洪邁：《容齋隨筆》，長春：吉林文史出版社 1994 年版。

15. 朱熹：《四書集注》，北京：中華書局 2003 年版。

16. 王陽明：《傳習錄》，上海古籍出版社 1992 年版。

17. 程凱華等編著：《中國傳統美德》，武漢：長江文藝出版社 2002 年版。

18. 李承貴著：《德性源流——中國傳統道德轉型研究》，南昌：江西教育出版社 2004 年版。

19. 徐復觀著：《中國人性論史》，上海，華東師範大學出版社 2005 年版。

20. 朱伯崑著：《先秦倫理思想概論》，北京大學出版社 1984 年版。

21. 李中華主編：《中國人學思想史》，北京出版社 2005 年版。

22. 陳瑛等著：《中國倫理思想史》，貴陽：貴州人民出版社 1985 年版。

23. 朱貽庭主編：《中國傳統倫理思想史》，上海：華東師大出版社 1989 年版。

24. 張錫勤、柴文華主編：《中國倫理道德變遷史稿》（上下卷），北京：人民出版社 2008 年 5 月版。

25. （古希臘）亞里士多德：《尼各馬可倫理學》，廖申白譯，商務印書館，2003 年 10 月。

26. （古希臘）愛比克泰德：《愛比克泰德論説集》，王文華譯，商務印書館，2009 年 6 月。

27. （古羅馬）西塞羅：《西塞羅三論：老年、友誼、責任》，徐奕春譯，商務印書館 1998 年 12 月。

28. （古羅馬）波埃修斯：《哲學的慰藉》，榮震華譯，商務印書館 2012 年 11 月。

29. （古羅馬）奧勒留：《沉思錄》，何懷宏譯，中國社會科學出版社，1988 年 8 月。

30. （德）康德：《道德形而上學原理》，苗力田譯，上海人民出版社 1986 年 8 月。

31. （德）費希特：《倫理學體系》，梁志學譯，商務印書館，2007 年 10 月。

32. （德）叔本華：《叔本華論説文集》，范進等譯，商務印書館，1999 年 9 月。

33. （德）叔本華：《倫理學的兩個基本問題》，任立等譯，商務印書館，1996 年 10 月。

34. （英）培根：《培根論説文集》，水天同譯，商務印書館，1983 年 7 月。

35. （英）洛克：《教育漫話》，傅任敢譯，人民教育出版社，1985 年 1 月。

36. （英）斯密：《道德情操論》，蔣自強等譯，商務印書館，1997 年 11 月。

37. （英）鮑桑葵：《個體的價值與命運》，李超傑等譯，商務印書館，2012 年 10 月。

38. （德）包爾生：《倫理學體系》，何懷宏等譯，中國社會科學出版社，1988年7月。

39. （美）梯利：《倫理學概論》，何意譯，中國人民大學出版社，1987年4月。